Publicado por:
Writer's Publishing House
publishing@gwm.services

Autor- **Chayo Briggs**
chayobriggs.com

ISBN # 978-1-64873-127-3

Su crédito define su credibilidad

Por *Chayo Briggs*

Descargo de Responsabilidad

El autor ha hecho todo lo posible para garantizar que la información de este libro sea correcta al momento de la publicación. El autor no asume y por la presente renuncia a cualquier responsabilidad ante cualquier parte por cualquier pérdida, daño o interrupción causada por errores u omisiones, ya sea que dichos errores u omisiones sean resultado de un accidente, negligencia o cualquier otra causa.

La información contenida en este libro/libro electrónico es estrictamente para fines educativos. Si desea aplicar las ideas contenidas en este libro/libro electrónico, usted asume la plena responsabilidad de sus acciones.

Descargo de Responsabilidad: El Editor y el Autor no hacen ninguna representación o garantía con respecto a la exactitud o integridad de los contenidos de este trabajo y específicamente renuncian a todas las garantías para un propósito particular. Ninguna garantía puede ser creada o extendida por ventas o materiales promocionales. El consejo y las estrategias contenidos aquí pueden no ser convenientes para cada situación. Este trabajo se vende con el entendimiento de que el editor no se dedica a prestar servicios legales, contables u otros servicios profesionales. Si se requiere asistencia profesional, se deben buscar los servicios de una persona profesional competente. Ni el editor ni el autor serán responsables de los daños y perjuicios que se deriven de ello.

El hecho de que una organización o sitio web se mencione en este trabajo como una cita y/o una fuente potencial de información adicional no significa que el autor o el editor respalden la información que la organización o el sitio web puedan proporcionar o las recomendaciones que pueda formular. Además, los lectores deben tener en cuenta que los sitios web de Internet enumerados en este trabajo pueden haber cambiado o desaparecido entre el momento en que se escribió este trabajo y el momento en que se lo lee. Los casos y las historias en este libro han cambiado detalles para preservar la privacidad.

Agradecimientos

Me gustaría expresar mi gratitud a las muchas personas que me vieron a través de este libro; a todos aquellos que brindaron apoyo, conversaron, leyeron, escribieron, ofrecieron comentarios, me permitieron citar sus comentarios y me ayudaron en la edición, revisión y diseño.

Me gustaría agradecer a mi madre El Dora Bocino Lay, a mi padre, el Dr. Ervin Briggs Jr., a mi esposa Dina Renae Flynn Briggs y al resto de mi familia, que me apoyaron y alentaron a pesar de todo el tiempo que me alejó de ellos. Fue un viaje largo y difícil para ellos.

Mis cuatro ángeles (mis hijas) Saleema El-Amin, Kendra J. Wilson, Kathrine Oliva Hough y Samira El-Amin.

Me gustaría agradecer a Cydney Rax, Shakeena Whitmore, Michelle E. Alford, Regina Littles, Lashana King Corbett, Jamila Jay Choyce por ayudarme en el proceso de selección y edición.

Gracias a Lizzy McNett, mi editorial, que me animó a prosperar.

Gracias a Abraham Vega Moreno (hermano) y Consumer Grounds. Sin ti, este libro nunca hubiera sucedido.

Mi abuelo el Dr. Ervin Briggs Sr. y la abuela Dorthy English Kaiser, mis hermanas y hermanos Eva Barnes, alias Tyrone Lay. "Kilo" (Fruit Town Piru), Chanda M. Kellogg, Wende "Mosley" Winston, Monica Mason, Kellin Mills, Derick Briggs, Leroy Lay 11, Quishawnta Carmelita Mills-Gibson y Ervin Briggs IV. Me gustaría dar un agradecimiento especial a Rebecca Sims, la comandante de la Fuerza Aérea de los Estados Unidos RET Cowetta Hinant y mi diseñadora gráfica Panagiotis Lampridis, y los miembros del grupo de Facebook en Briggs & Lay Pro Big Beautiful Women. - Chayo Briggs.

Tabla de Contenido

Biografía del autor

Como inversor inmobiliario de gran éxito durante más de diecisiete años, Briggs se ve impulsado a obtener los más altos estándares para sus clientes. Sus éxitos como orador motivacional efectivo y autor publicado se desarrollaron a partir de la experiencia de la vida. A través de esas habilidades excepcionales, aprendió el arte de los ingresos pasivos. Chayo puede ayudar a sus clientes a conseguir su futuro próspero, rompiendo las cadenas de las dificultades financieras.

Los conceptos básicos de la estabilidad crediticia son simples, pero la mayoría de las personas consideran estos temas como un tabú, cuando en realidad son esenciales para tener éxito. Sabemos que tales problemas son desalentadores, pero es posible que deba pedir dinero prestado en algún momento en el futuro.

Su puntaje de crédito determina dos cosas que pueden afectar la aprobación de su préstamo. Primero, prestar dinero conlleva riesgos; Los prestamistas necesitan saber que usted es confiable. En segundo lugar, su puntaje de crédito determina los términos de su préstamo.

En la sociedad actual, tener una calificación crediticia promedio puede no ser suficiente. Los empleadores están comenzando a verificar el historial de crédito para asegurarse de que un empleado sea una buena opción. Piense en su puntaje de crédito como un currículum, su historial de vida. Pinta un claro ejemplo de qué tipo de persona es en la vida real.

Tengo más de diecisiete años de experiencia en emprendimiento inmobiliario y coaching de vida. Uno de los primeros temas discutidos es la calificación crediticia de un cliente porque determinará su próximo curso de acción.."

En la economía actual, algo simple como conseguir un lugar para vivir requiere un informe de historial crediticio,

"Por lo tanto, estoy comprometido a ayudar a las personas a comprender la importancia de la credibilidad crediticia."

Briggs tiene una gran experiencia en la vida, lo que lo convierte en un experto en ayudar a las personas a superar sus problemas crediticios. A cambio, puede establecer una base sólida para que sus clientes alcancen sus objetivos de estado crediticio.

Prefacio

Como autor y orador público, mis libros ofrecen a los lectores inspiración para ayudarlos a aprender los fundamentos de la reconstrucción de su crédito, así como las habilidades empresariales y financieras. He estado en el negocio inmobiliario por más de diecisiete años. Durante más de diecisiete años, la misión de Chayo es educar a las comunidades minoritarias sobre la importancia de tener un buen crédito en la sociedad actual. Cuando alguien puede crear un currículum de crédito positivo, puede obtener fácilmente ingresos pasivos para aumentar sus inversiones financieras.

Introducción

Su crédito define su credibilidad está diseñado como una vía para comprender lo que contribuye a una excelente calificación crediticia. Sabemos que tales problemas son desalentadores, pero es posible que deba pedir dinero prestado dinero de un prestamista. Necesitamos entender y aprender que el concepto de buen crédito define nuestra credibilidad, por lo que debemos aprender a eliminar cuentas tóxicas como cobros, consultas, cancelaciones y registros públicos. Por lo tanto, tener un buen puntaje crediticio facilitará el proceso. Su puntaje de crédito determina dos cosas que pueden afectar la aprobación de su préstamo. Primero, prestar dinero conlleva riesgos; Los prestamistas necesitan saber que usted es confiable. En segundo lugar, su puntaje de crédito determina los términos de su préstamo.

Briggs entiende que la clave del éxito proviene de la experiencia de la vida; por esa razón, él ayuda a los clientes a conseguir su futuro próspero; rompiendo las cadenas de la angustia financiera.

Capítulo Uno:
Su perfil de Crédito

(Su currículo vitae financiero)

Los acreedores deducen la credibilidad de su perfil de crédito. Piense en ello como su currículum financiero. Por ejemplo:

> ➤ ¿Está divorciado?
>
> ➤ ¿Debe cantidades masivas en deuda estudiantil?
>
> ➤ ¿Las deudas médicas están abrumando su vida?

Cualquiera de estos elementos se puede deducir de la lectura de su historial de crédito, más el seguimiento de las cuentas asociadas con estos eventos. Los registros públicos son un juego justo para los prestamistas.

Los prestamistas tienen registros exactos de cualquier transacción de crédito que haya abierto o cerrado. Si incumplió en una cuenta o tuvo dificultades financieras, todos son marcadores en su currículum financiero. Es esencial que mire su crédito de esta manera para garantizar la regulación.

Sea estratégico en cómo se representa en el mundo financiero. Un currículum financiero es la única forma en que los prestamistas pueden determinar el valor de prestar su dinero; como una hipoteca o un préstamo de auto. Hacer cosas para aumentar su puntaje de crédito y ser consciente de las situaciones aparecerá durante una búsqueda detallada y seguramente mejorará sus posibilidades de obtener acceso a un mayor crédito futuro.

La mayoría de las personas tienen un presentimiento acerca de su crédito: es excelente, bueno o malo. Pero ¿qué es realmente un mal puntaje de crédito? Primero, es importante entender que hay muchos modelos de calificación crediticia, y cada uno puede usar una escala diferente para transmitir información.

En el mundo de los préstamos, hay suposiciones sobre los puntajes de crédito y cómo caen en diferentes rangos. Por ejemplo; qué puntaje puede calificar como malo o bueno. La mayoría de los principales modelos de calificación crediticia siguen un rango de 300 a 850. Mientras observa un puntaje medido de esta manera, generalmente asume que algo por debajo de 600 es un mal puntaje de crédito. A continuación se detallan los niveles de crédito básicos que suelen medir

- ➢ Excelente crédito: 750+
- ➢ Buen crédito: 700-749
- ➢ Crédito justo: 650-699
- ➢ Crédito pobre: 600-649
- ➢ Mal crédito: debajo de 600

Veamos qué constituye un mal puntaje de crédito.

¿Quién decide si un puntaje de crédito es malo?

"Como se mencionó, los rangos de puntaje de crédito pueden variar según el modelo. Por ejemplo, todos los puntajes FICO   oscilan entre 300 y 850, siendo 300 el puntaje más bajo posible, mientras que 850 es el puntaje más alto posible".

"El rango para los puntajes de crédito de VantageScore 2.0 está entre 501 y 990, y el número más alto representa el puntaje más fuerte. Pero su versión más nueva, VantageScore 3.0, tiene un rango de 300 a 850".

Las empresas que desarrollan puntajes de crédito –FICO y VantageScore, por ejemplo– no deciden qué puntajes de crédito son buenos o malos. Tampoco las agencias de informes de crédito. En cambio, depende de los prestamistas individuales y las compañías de seguros decidir qué puntajes demuestran un nivel de riesgo aceptable. Como:

> Determinar la tasa de interés cobrada por un préstamo, o en el caso de una compañía de seguros, el descuento ofrecido en una póliza de seguro.
> Decidir si extender el crédito y cuánto crédito aprobar, si ajustar el límite de crédito de un cliente o incluso cerrar una cuenta riesgosa.

En cierto modo, no existe un "puntaje de crédito malo", ya que el número en sí mismo no significa nada hasta que un prestamista decida cómo usarlo. En otras palabras, un puntaje de crédito solo es malo cuando anula su planificación financiera, ya sea para refinanciar un préstamo, pedir prestado a una tasa de interés baja u obtener la mejor oferta en su seguro de auto.

Además, lo que un prestamista considerará un mal crédito puede ser perfectamente aceptable para otro. Por ejemplo, con muchas hipotecas, el puntaje mínimo requerido puede ser 620, mientras que algunos emisores de tarjetas de crédito que ofrecen tarjetas de baja tasa pueden rechazar a los solicitantes cuyos puntajes son inferiores a, digamos, 680.

Descubra dónde está parado

Es imperativo que rastreemos nuestros informes de crédito de manera consistente. Puede verificar su puntaje de crédito utilizando cualquiera de varias agencias de informes gratuitas. Mi favorito personal es Identity Guard. Verá su historial de pagos, deudas y otros factores que afectan su puntaje, junto con recomendaciones de pasos para mejorar su currículum.

La información puede incluir ofertas de crédito de prestamistas que podrían estar dispuestos a ofrecerle crédito. Verificar sus propios informes y puntajes de crédito no afecta su puntaje de crédito de ninguna manera. Puede comenzar a tomar su puntaje de crédito de malo a bueno disputando errores en su informe de crédito, pagando deudas excesivamente altas y limitando las nuevas consultas de crédito.

El acceso a los servicios financieros y al crédito generalmente se considera una necesidad para llevar una vida normal. Solo la capacidad de obtener un banco básico o una cuenta de ahorro requiere un currículum de crédito estable. Ni siquiera hemos mencionado hipotecas, préstamos para automóviles o asistencia financiera empresarial. Estos son algunos componentes esenciales de nuestra vida económica moderna.

Sin embargo, la exclusión financiera, la incapacidad de acceder a estos servicios financieros, es un problema para muchas personas. La investigación ha demostrado que ciertos grupos de la sociedad se ven más afectados que otros. Hay dos áreas principales de préstamos financieros a los que se accede más: crédito al consumo e hipotecas. En ambas áreas, hay evidencia que muestra que las minorías étnicas tienen dificultades para garantizar préstamos debido a la escasez de créditos.

La restricción financiera juega un papel importante en el aumento de la pobreza y la limitación de la prosperidad. El enlace para acceder a la riqueza es simple. Permite gastos que exceden nuestros presupuestos mensuales y nos da la capacidad de estirar el costo de las grandes compras a lo largo del tiempo. El crédito nos permite suavizar nuestros ingresos y ampliar las oportunidades de inversión. La capacidad puede conducir a una mejor vivienda o más educación y capacitación.

El acceso a las hipotecas es una parte esencial de la adquisición de riqueza y puede aumentar nuestro estatus en la sociedad. Cuando a las personas se les restringe los préstamos de consumo, puede perjudicar las desventajas económicas y aumentar la pobreza.

La norma durante muchos años ha sido después de graduarse de la escuela secundaria o la universidad, puede depender de trabajar y retirarse de un trabajo. ¡Pues ya no más! De hecho, el número de trabajos que las personas obtuvieron durante su vida será entre ocho y once. Las edades promedio eran de dieciocho a cuarenta y cuatro; ¡ese es un nuevo trabajo por cada 2.36 años! Estos hallazgos muestran la necesidad de un currículum de crédito vendido.

Si actualmente está desempleado y busca trabajo o está empleado y busca mejorar su realidad económica, tiene un currículum, ¿verdad? Imagine por un segundo que cada parte de la información contenida en su currículum fue puesta allí por otra persona. ¿No le gustaría estar seguro de que lo que decían era 100% exacto y verdadero?

Desearía saber cosas como "¿mi nombre y dirección estaban bien documentados correctamente?" o "¿aparecen las fechas correctas de mi empleo?" La información podría incluir algo despectivo y costarle una oportunidad de empleo. El error debería molestarte. La idea de que suceda algo así debería ser alarmante ... porque está todos los días... ¡en su informe de crédito!

El sistema de calificación crediticia en los Estados Unidos tiene un profundo impacto en nuestra vida diaria. Su libertad de crédito financiero está en riesgo.

Las tres grandes agencias de crédito, empleadores, propietarios y compañías de seguros ahora utilizan informes de crédito y puntajes para tomar decisiones que influyen en nuestras oportunidades sociales y económicas. En la actualidad, su historial crediticio puede decidir si obtiene un trabajo, un departamento o si tiene acceso a seguros y préstamos decentes y asequibles.

¿Es justo su puntaje de crédito? Esta pregunta suscita controversia todos los días. Pero es una medida objetiva utilizada para determinar si un préstamo hecho a una persona hoy se pagará a tiempo. El puntaje se basa en el historial crediticio de una persona y otros factores objetivos que están demostrablemente relacionados con la probabilidad de incumplimiento de obligaciones futuras. No se ve afectado por el color, el sexo, la raza, la religión, el lugar donde nació o el lugar donde vive. Si se considera que equitativo significa que los solicitantes de préstamos minoritarios son juzgados por los mismos objetivos y que el prejuicio personal no forma parte de la ecuación, entonces es equitativo.

Estados Unidos tiene un sistema de calificación crediticia que es justo, pero si nos gustan las consecuencias de su resultado puede variar drásticamente. Nuestro currículum financiero se basa en las decisiones que tomamos en el pasado. Por lo tanto, algunos observadores sostienen que la calificación crediticia puede ser injusta porque no tiene en cuenta circunstancias especiales. El punto está bien tomado, pero no creo que la respuesta sea atacar la calificación crediticia. El puntaje de crédito es solo una pieza de información utilizada por los suscriptores de préstamos para determinar si se debe otorgar un préstamo. Los aseguradores consideran muchos factores, incluidas circunstancias especiales que pueden haber afectado el puntaje de crédito. De hecho, a medida que una gran parte de su trabajo se ha automatizado, los aseguradores pueden prestar cada vez más atención a circunstancias especiales. Dicha flexibilidad ha sido fomentada por la Ley de Reinversión de la Comunidad, que presiona a las instituciones depositarias para satisfacer las necesidades de las comunidades de ingresos bajos y moderados. El Congreso también ha presionado a las dos grandes empresas patrocinadas por el gobierno que compran hipotecas en el mercado secundario, Fannie Mae y Freddie Mac, para que hagan lo mismo.

Sin embargo, la flexibilidad del prestamista no se otorga al dinero del préstamo en una cuenta que se convertirá en morosa durante sesenta o noventa días cada año. Más bien, significa estar dispuesto a trabajar con usted (o referirlo a otras personas que trabajarán con usted) para establecer un plan de presupuesto que le permita evitar la morosidad. Hay muchos recursos disponibles para ayudarlo, pero en última instancia, la responsabilidad debe ser suya.

Los puntajes de crédito no son más que el resultado de una fórmula matemática construida para ordenar por orden la probabilidad de que una persona reembolse las deudas en las que ha incurrido. Los puntajes de crédito no se construyeron con prejuicios raciales, y las estadísticas de minorías no son una parte escrita del proceso de puntaje. La ecuación matemática consiste solo en datos numéricos.

Conociendo su Puntaje

Puede obtener una copia gratuita de su informe de crédito de Identity Guard, o un informe de cada una de las tres principales agencias de informes, TransUnion, Experian y Equifax, se puede acceder una vez al año. Entonces, escalónelos con cuatro meses de diferencia, y puede estar al tanto de su crédito durante todo el año de forma gratuita. Pero, estos informes no le darán su puntaje, solo la información de fondo que utilizan las agencias para calcular las cifras.

Capítulo Dos:
¿Qué es el Crédito?

Los consumidores solicitan crédito cuando sus ingresos o cuenta bancaria no pueden pagar en efectivo por diversos bienes y servicios. El crédito es emitido por un otorgante, a quien usted acepta pagar de manera oportuna. Los cargos financieros y el límite de tiempo se deciden en el momento en que se otorga el crédito.

Cuatro Tipos de Crédito

Crédito rotativo: Los consumidores tienen un límite de crédito máximo que puede usar para realizar compras hasta ese límite. Cada mes, el saldo (o revolver la deuda) se devuelve con pagos nominales. La mayoría de las tarjetas de crédito son una forma de crédito rotativo.

Tarjetas de cargo: Cuando se emite una tarjeta de cargo a alguien, el proceso funciona de la misma manera que una tarjeta rotativa, pero el saldo debe pagarse en su totalidad todos los meses.

Crédito de servicio: Los acuerdos de consumo con proveedores de servicios son todos acuerdos de crédito. Recibe electricidad, servicio de telefonía celular, membresía en un gimnasio, etc., (Four Types of Credit , 2018)

con el acuerdo de que los pagará cada mes. No todas las cuentas de servicio se informan en su historial de crédito.

Crédito a plazos: Un acreedor le presta una cantidad específica de dinero. El prestatario acepta pagar el dinero y los intereses en cuotas regulares de una cantidad fija durante un período de tiempo determinado. Los préstamos para automóviles y las hipotecas son dos ejemplos de crédito a plazos.

¿Por qué necesita crédito?

La importancia del buen crédito se extiende más allá de las compras, ya que su información de crédito puede ser utilizada por empleadores y propietarios potenciales como parte del proceso de selección. Un buen crédito es necesario si planea hacer una compra importante, como un automóvil o una casa. El crédito es una conveniencia que debe tomarse en serio, especialmente si tiene una emergencia.

Los otorgantes de crédito revisan los currículums y los informes de crédito para determinar el riesgo financiero. Si le prestan dinero, le otorgan crédito o le dan bienes y servicios, ¿los devolverá? Sus elecciones en la vida afectarán su capacidad de obtener crédito. Algunas consideraciones sobre su currículum financiero son: tenor de residencia, estadísticas del empleador, saldos en su cuenta bancaria (y si tiene una cuenta), cuenta de ahorros y la duración del servicio. El siguiente enfoque es qué tipo de activos posee. El paquete completo determina si se le extenderá el crédito.

¿Qué significa buen crédito?

Como se mencionó anteriormente, el crédito es más que solo pedir dinero prestado. Para un prestamista como un concesionario de automóviles o una compañía de tarjetas de crédito, el crédito es su reputación. Por lo tanto, su currículum vitae. Esto ayuda a los acreedores a ver qué tan probable es que pague los fondos y cumpla con su obligación, y si pagará el monto acordado a tiempo todos los meses.

Un buen crédito significa que se puede confiar en que pagará el dinero prestado. Cuanto mayor sea su confiabilidad significa más oportunidades. Aumenta el dinero que está disponible para usted.

Tome un préstamo de automóvil, por ejemplo, un préstamo de automóvil simple. Digamos que tiene un excelente crédito y solicita un préstamo de $10,000 para comprar un auto nuevo. La tasa de interés podría ser del 4.9% con un pago de 60 meses (5 años). Esto significa que paga $188 cada mes, o $11,295 al final de los cinco años. Sin embargo, si no tiene crédito o mal crédito y desea financiar el mismo automóvil, los resultados son muy diferentes. Debido a su historial de crédito, o falta de él, terminará pagando un costo adicional en general. Por ejemplo, si recibe una tasa de interés del 9.5% (¡o tal vez incluso más!), Durante 60 meses pagaría $210 cada mes, o $12,601 en total. Eso es $1,300 más que si hubiera solicitado con buen crédito.

*El ejemplo anterior ilustra cómo el historial de crédito puede afectarlo y no debe usarse como garantía para las tasas de interés. *

La lección es clara. ¡Un buen crédito le ahorra dinero! Por lo general, es cierto si está buscando préstamos para automóviles, una hipoteca de una casa, tarjetas de crédito o cualquiera de los tipos de crédito.

Además, muchos empleadores miran el historial de crédito para evaluar a los empleados potenciales. Su historial de crédito puede indicar la capacidad de cumplir con sus acuerdos, antecedentes con las finanzas, la capacidad de manejar múltiples obligaciones u otros factores. Si bien los empleadores nunca usan el historial de crédito como la única base para la contratación, se está convirtiendo en un factor creciente para comparar o evaluar candidatos.

En general, su historial de crédito ofrece una idea de su carácter, su fiabilidad y su fiabilidad. Comience a construir su reputación financiera hoy.

Capítulo Tres:
Efectos Secundarios del Mal Crédito

Si está maximizando sus tarjetas de crédito e ignorando sus facturas, es posible que no se dé cuenta de cómo el error de cálculo puede afectar su currículum. Los pagos tardíos con tarjeta de crédito y el monto de la deuda que tiene tienen el mayor impacto en su puntaje de crédito. Falle en estas áreas y su puntaje de crédito se desplomará.

Podría preguntar: "¿Cuál es el problema con una puntuación de crédito baja?" Muchas empresas juzgan a las personas en función de su hoja de vida crediticia. Es una manera simple de obtener la mejor visión general del historial de credibilidad de una persona. El resultado puede ser la pérdida de empleo, la dificultad para encontrar un lugar para vivir o la imposibilidad de obtener servicios públicos. Estos son algunos de los efectos secundarios más comunes del mal crédito.

1. **Altas tasas de interés en sus tarjetas de crédito y préstamos**

Los puntajes de crédito indican la probabilidad de incumplimiento de pago con una tarjeta de crédito o una obligación de préstamo. Tener un puntaje de crédito bajo indica que usted está en riesgo sobre alguien con un mejor puntaje de crédito. Los acreedores y los prestamistas cobran por este riesgo al aumentar la tasa de interés que recibe.

Los prestatarios con mal crédito pagan tasas de interés sustancialmente más altas. Cuanto más pida prestado, más pagará en intereses.

Las solicitudes de crédito y préstamo no pueden ser aprobadas

Los acreedores están dispuestos a aceptar una cierta cantidad de riesgo. Sin embargo, los currículums de crédito bajos conducirán a una mayor denegación de solicitudes.

2. Dificultad para obtener la aprobación de un apartamento

Muchas personas no se dan cuenta de que los propietarios verifican el crédito antes de aprobar una solicitud de alquiler. Tener mal crédito puede hacer que sea mucho más difícil alquilar un departamento o casa. Si encuentra un propietario que le alquilará a pesar de su bajo puntaje de crédito, puede pagar un depósito de seguridad más alto.

3. Cómo alquilar con mal crédito

Las compañías de servicios públicos (electricidad, teléfono y cable) verifican su crédito como parte del proceso de solicitud. Si tiene un historial de crédito malo, es posible que tenga que pagar un depósito de seguridad para establecer el servicio a su nombre, incluso si siempre ha pagado sus facturas de servicios a tiempo. El depósito de seguridad se cobrará por adelantado antes de que pueda establecer el servicio a su nombre.

4. No puede obtener un contrato de teléfono celular

Las compañías de telefonía celular también verifican su crédito. Argumentan que le están extendiendo un mes de servicio, por lo que necesitan conocer su confiabilidad. Si su crédito es malo, es posible que tenga que obtener un teléfono celular prepago, un contrato de mes a mes donde los teléfonos suelen ser más caros, o no tener uno.

Si está alquilando o haciendo pagos en su teléfono celular, es posible que tenga que pagar más por adelantado por un teléfono nuevo o sus pagos pueden ser mayores si tiene un mal crédito.

5. Es posible que le denieguen el empleo

Ciertos trabajos, especialmente los de la alta gerencia o la industria financiera, requieren que tenga un buen historial crediticio. Puede ser rechazado para un trabajo debido a elementos negativos en su informe de crédito, especialmente altos montos de deuda, bancarrota o facturas pendientes.

Tenga en cuenta que los empleadores verifican su informe de crédito y no su puntaje de crédito. No están necesariamente buscando mal crédito, sino elementos que podrían afectar el desempeño de su trabajo.

6. Primas de seguro más altas

Las compañías de seguros verifican el crédito. Argumentan que los puntajes de crédito más bajos están vinculados a la presentación de más reclamos. Debido a esto, verifican su crédito y cobran una prima más alta a aquellos con puntajes de crédito más bajos, independientemente de la cantidad de reclamos que haya presentado.

7. Llamadas de cobradores de deudas

El mal crédito en sí no conduce a llamadas de cobro de deudas. Sin embargo, es probable que si tiene un mal crédito, también tenga algunas facturas vencidas que los cobradores de deudas están buscando.

Dificultad para comenzar su propio negocio

Muchas empresas nuevas necesitan préstamos bancarios para ayudar a financiar sus nuevas empresas. Un historial de crédito malo puede limitar la cantidad que puede pedir prestado, incluso si tiene un plan comercial sólido y datos que respalden el éxito de su negocio.

8. Dificultad para comprar un automóvil

Los bancos verifican su crédito antes de otorgarle un préstamo de automóvil. Con mal crédito, es posible que se le niegue un préstamo de automóvil por completo. O, si lo aprueban, es probable que tenga una tasa de interés alta, lo que conduce a un pago mensual más alto, especialmente si compra en un lote de automóviles "sin verificación de crédito" o "compre aquí, pague aquí".

Independientemente de cómo llegó allí, si está lidiando con un crédito pobre, es una buena idea asegurarse de comprender los efectos que puede tener en su libertad financiera. Una vez que comprenda los efectos, querrá saber cómo solucionar su crédito. Además, cuando obtiene su propio crédito para verificar su puntaje e informe, esto se considera una consulta flexible. Cuando los prestamistas o los acreedores potenciales extraen su crédito para evaluar su calificación para un préstamo o línea de crédito, esa es una pregunta difícil. Solo las preguntas difíciles afectan su puntaje.

¿Qué es el cobro de deudas?

De acuerdo con la Comisión Federal de Comercio y la Oficina de Protección Financiera del Consumidor, los cobradores de deudas son uno de los negocios que más se quejan, y con razón. Pocas personas tienen experiencias positivas al tratar con los cobradores de deudas. Incluso los raros buenos pueden ser una molestia simplemente porque están pidiendo dinero. Pero, por lo general, es más barato para las empresas utilizar recaudadores, por lo que no es probable que los cobradores de deudas vayan a algún lado pronto. (Federal Trade Commission , 2018)

Un cobro de deudas es un tipo de cuenta financiera que se ha enviado a un cobrador de deudas externo. Los cobradores de deudas son empresas que cobran deudas impagas por terceros. La compañía original con la que creó la deuda probablemente envió la cuenta a la agencia de cobros después de que perdió varios pagos y no pudieron hacerlo pagar. Por lo general, es más rentable para las empresas contratar cobradores de deudas que continuar gastando sus propios recursos en el pago de cuentas morosas.

Diferentes acreedores y prestamistas tienen diferentes políticas para enviar cuentas a cobros. Revisar su tarjeta de crédito o acuerdo de préstamo a menudo le dará información sobre el cronograma de su acreedor. Muchas cuentas de tarjetas de crédito se envían a una agencia de cobro después de 180 días, o seis meses, de impago. Otros tipos de empresas pueden enviar cuentas a las agencias de cobranza después de solo un mes o dos o de pagos atrasados.

Qué esperar cuando tiene una cuenta de cobro

Cuando intentan pagar su deuda, los cobradores lo llamarán, enviarán cartas y colocarán la entrada en su informe de crédito. Si tienen su número de teléfono del trabajo, incluso llamarán a su lugar de trabajo, a menos que les haga saber que su empleador no lo aprueba. Se sabe que algunos coleccionistas aparecen en la casa de una persona en su intento de cobrar una deuda. Sorprendentemente, eso es legal. Los cobradores de deudas pueden incluso llamar a su teléfono celular si le dio el número a su acreedor para que lo contacte.

Los cobradores de deudas solo pueden llamarlo entre las 8 am y las 9 pm, hora local. Es posible que lo llamen varias veces al día, especialmente si está esquivando sus llamadas telefónicas. Sin embargo, los coleccionistas tienen prohibido llamarlo de manera consecutiva en un intento de molestarlo.

Cuando un cobrador de deudas tiene dificultades para comunicarse con usted, puede llamar a sus amigos o vecinos para asegurarse de que tienen la información de contacto correcta para usted. Se les permite hacer esto, pero no se les permite revelar que están cobrando una deuda y no pueden contactar a la misma persona más de una vez.

Los cobradores de deudas enviarán avisos de pago a la dirección que tienen en sus archivos. En su primera factura, tienen que notificarle que tiene 30 días para solicitar la validación de la deuda. Solicitar la validación obliga al cobrador de deudas a proporcionar pruebas de que usted debe la deuda. El aviso de validación de deuda también se le puede entregar por teléfono si una llamada telefónica es la primera vez que el cobrador se comunica con usted. Si no tienen la dirección correcta, es posible que nunca reciba un aviso de la deuda. Y si el cobrador no tiene su número de teléfono o dirección correctos, es posible que no se entere de la cuenta hasta que la vea en su informe de crédito.

Los cobradores de deudas deben cumplir con la Ley de prácticas justas de cobro de deudas, o FDCPA, cuando cobran una deuda suya. Sin embargo, las miles de quejas hechas contra los cobradores de deudas cada año demuestran que no siempre cumplen con la ley.

Cómo terminan las colecciones en su informe de crédito

Su informe de crédito contiene información sobre sus cuentas de crédito, por ejemplo, tarjetas de crédito, préstamos, etc. La mayoría, si no todos, los acreedores envían actualizaciones mensuales sobre el estado de pago a su informe de crédito.

Cuando se envía una cuenta a una agencia de cobro, el acreedor original o el cobrador actualizan la cuenta en su informe de crédito con un estado de "cobro". El acreedor no tiene que decirle que su cuenta se está enviando a colecciones. Sin embargo, el cobrador de deudas tiene que notificarle que está cobrando la deuda antes de que pueda tomar alguna medida.

¿Qué significa para su crédito?

Un cobro de deudas es uno de los peores tipos de cuentas de informes de crédito; muestra que se ha vuelto seriamente moroso.

Su puntaje de crédito disminuirá si aparece una colección en su informe. Es posible que se le denieguen las tarjetas de crédito y los préstamos en el futuro, especialmente si el cobro es reciente o no se ha pagado, o ambos.

Las cuentas de cobro de deudas pueden permanecer en su informe de crédito hasta por siete años. Puede disminuir los efectos de un cobro en su puntaje de crédito pagando la cuenta y, a medida que pase el tiempo, el cobro afectará menos su crédito. Continuar pagando todas sus otras facturas a tiempo también ayudará a que su puntaje de crédito se recupere de un cobro de deudas.

Estafas de Deuda

Las estafas del servicio de relevación de deuda apuntan a consumidores con deuda significativa de la tarjeta de crédito falso prometiendo negociar con sus acreedores para colocar o para reducir de otra manera las obligaciones del reembolso de los consumidores. Estas operaciones cargan a menudo a consumidores efectivo-atados con correa un honorario de anticipo grande, pero después no pueden ayudarles a colocar o a bajar sus deudas - si es que proporcionan algún servicio del todo. Algunas estafas de la relevación de deuda incluso aparentan sus servicios usando "robollamadas automatizadas" a los consumidores en la lista de No Llamar. (Do Not Call List , n.d.)

Las estafas de la modificación del préstamo de auto prometen que pueden reducir el préstamo del auto de los consumidores o pagos de arriendo mensuales para ayudarles a evitar la recuperación. La FTC (Comisión comercial federal) también trabaja para cerciorarse de los consumidores conseguir un reparto justo en el mercado auto. (Federal Trade Commission , 2018)

Los fraudes de reparación de crédito apuntan con frecuencia a consumidores financieramente en aprietos que están teniendo problemas del crédito. Estos consumidores atraen a los consumidores para comprar sus servicios por que demandan falsamente que ellos quitarán la información negativa de los informes de crédito de los consumidores aunque esa información sea exacta.

La FTC ha traído muchísimas acciones de la aplicación de ley contra estos servicios falsos relacionados con crédito, y la agencia se ha asociado con los estados para traer centenares de pleitos adicionales. Además, en 2010, la FTC modificó su Regla de ventas de telemercadeo para proteger a los consumidores que buscan servicios de alivio de deudas, como liquidación de deudas o asesoramiento crediticio. Esta regla prohíbe a las compañías con fines de lucro que venden estos servicios por teléfono. No pueden cobrar una tarifa antes de liquidar o reducir la deuda de un consumidor. También prohíbe que los proveedores de alivio de la deuda hagan declaraciones falsas y exige que revelen la información clave que los consumidores necesitan para evaluar estos servicios.

¿Qué es la liquidación de deudas?

Es una opción de alivio de la deuda que consiste en contactar a sus acreedores y liquidar su deuda por mucho menos de lo que realmente debe.

Por qué funciona la liquidación de deudas

Cuando los prestamistas, como las compañías de tarjetas de crédito, no pueden cobrar su deuda, a menudo deciden venderla a una agencia de cobro de deudas. No es inusual que la vendan por veinte centavos por dólar o incluso diez centavos por dólar. Esto no significa que aceptarán liquidar la deuda de su tarjeta de crédito por el 20% o el 10% de lo que debe; sin embargo, en muchos casos; aceptarán una oferta decente, especialmente si tiene serios problemas financieros. De hecho, la clave para negociar un buen acuerdo es convencer a su acreedor de que si se niega a hacerlo, su único recurso será declararse en bancarrota.

Los pros de la liquidación de deudas

La principal ventaja o ventaja de la liquidación de deudas es que es la única forma de reducir su deuda. Significa que quedará libre de deudas en un tiempo mucho más corto. Las otras técnicas para administrar la deuda incluyen un préstamo de consolidación, asesoramiento de crédito al consumidor o transferencias de saldo de tarjeta de crédito. Estos pueden ayudarlo a administrar mejor sus deudas, pero no hacen nada para reducirlas.

Deshágase de esos cobradores de deudas persistentes

Puede incluir todas las facturas médicas y deudas no garantizadas en exceso de $1,000 en su acuerdo de liquidación. Esto debería liberarlo de esos cobradores de deudas persistentes que siguen llamándolo y acosándolo. Las deudas liquidadas no están sujetas a ninguna acción legal ni a ninguna otra forma de cobro.

Los inconvenientes o negativos de la liquidación de deudas

Antes de comenzar a llamar a los acreedores y sugerir la liquidación de deudas, no debería haber realizado ningún pago de sus deudas durante seis meses o más. Esto seguramente dejará una marca negra en su informe de crédito y definitivamente reducirá su puntaje de crédito. En segundo lugar, es posible que tenga que pagar impuestos sobre la deuda que está perdonada. En otras palabras, si pudo liquidar una deuda de $20,000 por $10,000, es posible que tenga que pagar impuestos sobre la renta de los $10,000 que se perdonaron.

Es una apuesta

La liquidación de deudas puede ser una apuesta porque no todos los acreedores aceptarán liquidar. Si deja de hacer pagos de sus deudas durante seis meses y luego se entera de que algunos de sus acreedores no saldarán, estará en peor forma que cuando comenzó.

Deberá tener efectivo en mano

El mayor inconveniente de la liquidación de deudas puede ser el hecho de que debe tener el dinero disponible para pagar sus liquidaciones. Por ejemplo, si pudo liquidar una deuda de $10,000 por $5,000, debe tener los $5,000 de inmediato. De hecho, este es uno de los puntos de venta de la liquidación de deudas.

Solo puede liquidar préstamos sin garantía

La liquidación de deudas es una buena solución para deudas no garantizadas, como deudas de tarjetas de crédito, facturas médicas, préstamos personales o líneas de crédito personales. Sin embargo, las deudas garantizadas, incluidas las hipotecas, las líneas de crédito con garantía hipotecaria y los préstamos para automóviles no se pueden liquidar.

¿Qué es un descuento?

Aprender lo que significa el cargo y su impacto en su informe de crédito puede ayudarlo a tomar decisiones informadas para recuperar su crédito. Esto es lo que necesita saber sobre el significado de la carga.

Tener una deuda cancelada significa que no ha estado pagando el pago mínimo completo del dinero que pidió prestado durante un período de tiempo significativo. Debido a los pagos atrasados, su deuda se vuelve a clasificar como "cancelada" en los estados de pérdidas y ganancias de la compañía. Eso significa que su acreedor ha aceptado su morosidad.

La compañía considera que la deuda es una pérdida y la marca como cancelada. Venderán la deuda a una agencia de cobro o a un comprador de deuda.

En ese momento, una deuda ahora puede aparecer dos veces en su informe de crédito, lo que agrava la confusión. Una lista de deudas será de la compañía original de la que tomó prestado dinero, y la segunda lista es del cobrador de deudas que compró la cuenta. Ambas deudas aparecerán como activas, lo que puede hacer que sea frustrante descifrarlas.

¿Un descuento significa que mi deuda está pagada?

Si su deuda se cancela, eso no significa que su cuenta se haya liquidado. Las cancelaciones a menudo se usan indistintamente con cancelaciones, lo que a veces hace que las personas crean que el acreedor ha cancelado su saldo y que ya no necesitan pagar sus deudas. Ese no es el caso. La compañía está cancelando su deuda como una pérdida para sus propios fines contables, pero aún tiene derecho a solicitar el cobro del monto vencido.

Todavía está legalmente obligado a devolver el dinero a menos que se resuelva (o se declare por ciertos tipos de bancarrota) o se haya alcanzado el estatuto de limitaciones.

¿Cuándo ocurrirá una cancelación de cargo?

Los acreedores primero intentarán enviar cartas para recordarle una factura vencida. Si eso falla, pasan a un proceso de cobranza. La re-categorización a "cargo cancelado" generalmente ocurre después de que su pago haya vencido 180 días, aunque los préstamos a plazos (algo similar a una hipoteca, por ejemplo) pueden cancelarse después de 120 días de morosidad.

La marca de seis meses proviene de un principio contable generalmente aceptado que determina 180 días como el punto después del cual es muy poco probable recibir el pago.

Es importante tener en cuenta que las deudas pueden cancelarse incluso si se han realizado pagos, siempre que todos los pagos estuvieran por debajo del mínimo mensual de la cuenta. Una vez que la deuda se cancela, la morosidad se informa a las agencias de crédito.

¿Cómo afecta un descuento a mi informe de crédito?

Un descuento es una mala noticia para su informe de crédito. Debido a que una cancelación se debe a la falta de pagos, tendrá pagos atrasados y una cancelación en su informe de crédito. Información negativa como esta conduce a una puntuación de crédito más baja.

De hecho, los pagos atrasados y morosos tienen el mayor impacto en su puntaje de crédito: Hasta el 35% de su puntaje está determinado por su historial de pagos. Un puntaje de crédito más bajo puede hacer que todo, desde tasas de seguro más altas hasta depósitos de servicios públicos más grandes, se deniegue el crédito.

¿Cuánto tiempo permanece la deuda cancelada en mi informe de crédito?

Al igual que los pagos atrasados, una cuenta cancelada permanecerá en su informe de crédito siete años después de la fecha del último pago programado antes de que la cuenta se volviera morosa. El período de tiempo no comienza nuevamente si la deuda se vende a una agencia de cobro o al comprador de la deuda. Después de los siete años, la cuenta cancelada se eliminará automáticamente de su informe de crédito.

Cómo eliminar una cancelación de un informe de crédito

Para eliminar una cancelación de su informe de crédito, primero deberá comunicarse con el acreedor original para comenzar las negociaciones. Tendrá que convencer al acreedor de que necesita que se elimine el cargo, pero a cambio proporcionará el pago de la deuda adeudada. Si tiene una gran cantidad de dinero disponible que puede usar para pagar la deuda, entonces puede tener una mejor oportunidad de tener éxito en la negociación.

Antes de contactar al acreedor, debe tener una idea bastante buena de cuánto puede pagar de manera realista en la cuenta. También es bueno tener en cuenta que si la cuenta está en colecciones, entonces no hay nada que puedan hacer para eliminar el descuento (aunque pueden eliminar la cuenta de colección). Debe hablar directamente con el acreedor original sobre la posible eliminación de la cancelación.

También puede hablar con el acreedor original sobre un acuerdo de pago, sin embargo, asegúrese de no proporcionarles ninguna excusa o razón de por qué no estaba pagando. Todo lo que quieren saber es si puede pagar la deuda que tiene. Permanezca cortés y profesional mientras habla con el acreedor a cargo de su cuenta cobrada.

¿Qué debo hacer si tengo un descuento?

Lo mejor que puede hacer es pagar el saldo y liquidar la deuda. Una vez pagado, el informe mostrará "pago cancelado". No eliminará la cancelación de su informe de crédito, pero mostrará que está tratando de resolver la cuenta negativa.

Si no puede pagar la deuda en su totalidad, cree un presupuesto para encontrar dinero extra para pagar la deuda más rápido. Pagar su otra deuda a tiempo cada mes es otra excelente manera de mejorar su informe de crédito.

Si desea evitar el cobro de cualquiera de sus cuentas, lo mejor que puede hacer es tomar medidas preventivas. Aprenda y mantenga hábitos financieros positivos y evite vivir fuera de sus posibilidades. Considere también la automatización de sus finanzas para asegurarse de que no se pierda ningún pago en sus tarjetas y corra el riesgo de que se le cobre.

Línea inferior

Cuando sepa qué es una cancelación de deuda y qué debe hacer para obtener esta marca negativa en su informe de crédito y liquidar su deuda, debe tomar todos los consejos que le hemos dado y prestar atención a las sugerencias mientras recuerda los puntos clave de un de cancelación de deuda:

Usted todavía es responsable de pagar la deuda, incluso si la cuenta ha sido cancelada. Esto significa el monto total adeudado al acreedor original, y pueden intentar cobrar la deuda hasta que se agote el plazo de prescripción.

Puede terminar haciendo sus pagos a una agencia de cobro de terceros, o al cobrador de deudas, en lugar del acreedor original, dependiendo de cuánto tiempo haya pasado. Sin embargo, si este es el caso, asegúrese de tener mucho cuidado porque hay muchas estafas en relación con las agencias de cobro.

Su crédito definitivamente sufrirá durante todo el proceso debido a una deuda incobrable. Una cuenta cancelada es una marca negra grande y audaz en su informe de crédito y lo seguirá siendo incluso después de que la deuda haya sido pagada en su totalidad. Sin embargo, se verá mucho mejor si su informe de crédito dice que ha pagado la cuenta o liquidado la cancelación, en lugar de quedarse sin pagar sin anotaciones positivas.

Finalmente, si tiene deudas y siente que no tiene a dónde ir, hay muchos programas de administración de deudas para educarlo sobre cómo recuperar su crédito y salir de la deuda.

Siempre es mejor evitar una cuenta cargada en primer lugar. Para hacer esto, asegúrese de pagar sus cuentas según lo acordado, y nunca permita que sus pagos se retrasen o venzan. Aumente su puntaje de crédito pagando saldos de crédito para que todo esté en regla.

Asegúrese de estar revisando los informes de crédito de las tres principales agencias de crédito porque la información contenida en cada una puede diferir.

Quiebra
Capítulo 13:

Cuando la mayoría de las personas piensa en la bancarrota, imaginan una situación en la que una corte se precipita, toma todos sus activos y los deja con poco o nada. Me complace informar que la realidad es muy diferente. Pero esa es la visión clásica de lo que llamamos un caso de bancarrota directa del Capítulo 7.

Capítulo 7: no es el único tipo de bancarrota disponible para nosotros. Hay cinco en total. Es posible que haya oído hablar del Capítulo 11; que las empresas suelen utilizar para reorganizar sus deudas. O el Capítulo 9, que es utilizado por municipios como una ciudad o una empresa de servicios públicos de agua para reorganizar sus deudas bajo la protección del tribunal de quiebras. O incluso un Capítulo 12, disponible solo para agricultores y operaciones de pesca.

Hay otro tipo de bancarrota que las personas usan para reorganizar sus deudas llamada Capítulo 13 de bancarrota. A diferencia del Capítulo 7, no implica liquidación. Por lo general, un deudor (una persona que se declara en bancarrota) puede quedarse con todos sus bienes, ya sea que estén exentos o no, siempre que cumplan con la ley. El Capítulo 13 también puede implicar más gastos que un Capítulo 7 en términos de honorarios de abogados, ya que el proceso es más complicado y prolongado.

Compromiso de tiempo

El Capítulo 7 es un proceso comparativamente breve y generalmente solo dura de cuatro a seis meses antes de que el tribunal emita el alta. Por otro lado, la bancarrota del Capítulo 13 durará de tres a cinco años, la duración de un plan de pago mensual que le propone al tribunal para pagar ciertas deudas. El período del plan variará de tres a cinco años, dependiendo de si su ingreso es generalmente superior o inferior al ingreso medio de su estado de residencia.

Plan de pago

El plan del Capítulo 13 es simplemente un plan de pago. Es un intento de "reorganizar" su deuda con el tiempo. Es una gran herramienta para el deudor que está atrasado en los pagos de la casa o el automóvil. Esos pagos pueden ponerse al día con el plan de pagos a lo largo del tiempo, evitando así la ejecución hipotecaria de la casa o la recuperación del automóvil. El plan también incluirá cualquier reclamo de prioridad vencida, como pensión alimenticia, manutención de niños o impuestos sobre la renta recientes.

El plan del Capítulo 13 también puede incluir pagos a acreedores no garantizados como tarjetas de crédito y facturas médicas. Se aplica un cálculo a sus ingresos y gastos para determinar si tiene algún ingreso disponible después de que se cumplan todas sus otras obligaciones. Se espera que dedique sus ingresos disponibles a su plan de pago, y ese dinero adicional se usará para pagar a los acreedores no garantizados, como esas tarjetas de crédito y facturas médicas. Si no tiene ingresos disponibles, está bien; las deudas aún se cancelarán porque ha dedicado su mejor esfuerzo para pagar sus facturas.

Requisitos del plan

El plan del Capítulo 13 debe cumplir con varias pruebas para que sea confirmado o aprobado por el tribunal de quiebras. Primero, el plan debe proponerse de buena fe. Esto significa, esencialmente, que tiene la intención de seguir completamente el plan y no está tratando de tergiversar sus finanzas o cometer un fraude en la corte.

La propuesta debe cumplir con la prueba del "interés superior de los acreedores". En esta sección, la prueba requiere que usted pague a los acreedores no garantizados al menos lo que habrían recibido en una bancarrota del Capítulo 7.

En muchos casos, los acreedores no garantizados no habrían recibido nada en el Capítulo 7, por lo que esta prueba a menudo se puede cumplir fácilmente. La otra práctica se llama la prueba de "mejor esfuerzo". Significa que les paga a los acreedores no garantizados una cierta cantidad multiplicada por el ingreso disponible del deudor.

Un fideicomisario

Similar al administrador del Capítulo 7, el fideicomisario del Capítulo 13 actúa como el principal punto de contacto para un deudor. El fideicomisario revisará el plan de pago propuesto y tiene la autoridad para impugnar el plan en la corte de bancarrota si él o ella cree que es incorrecto. Si el tribunal de quiebras confirma la propuesta, el administrador actúa como intermediario entre el deudor y los acreedores que reciben los pagos. Específicamente, el deudor realiza pagos cada mes al administrador. El fideicomisario luego divide el pago, según lo establecido en el plan del Capítulo 13, y emite pagos a los acreedores.

Restricciones durante la bancarrota del capítulo 13

El Capítulo 13 conlleva algunas restricciones más que no están presentes en la bancarrota del Capítulo 7, siendo el plan de pago mensual el más obvio. Además, no se le permitirá incurrir en más deudas, como un préstamo de automóvil, sin la aprobación de la corte. También debe mantener un seguro sobre cualquier garantía, como un préstamo de automóvil.

Dar de Baja

Similar a una bancarrota del Capítulo 7, al final del plan, la mayoría o todas sus deudas serán dadas de baja. Sin embargo, puede quedar con deudas que no se cancelen, como préstamos estudiantiles. Como en el Capítulo 7, el dar de baja es personal, lo que significa que si alguien está obligado a una de las deudas canceladas, él o ella aún es responsable de la deuda.

Capítulo 7

Si tiene dificultades para mantenerse al día con sus facturas y piensa en lo liberador que se sentiría tener un genio mágico deseando su deuda, no es tan simple. Pero hay algunas leyes federales que pueden ayudarlo a administrar o eliminar esa obligación.

El tipo de bancarrota más común en los Estados Unidos es el Capítulo 7. A veces se le llama bancarrota directa. En pocas palabras, el tribunal nombra a un administrador para que supervise su caso. Parte del trabajo del administrador es tomar sus activos, venderlos y distribuir el dinero a los acreedores que presenten los reclamos correspondientes. El fideicomisario no toma todas sus propiedades. Se le permite mantener suficiente propiedad "exenta" para obtener un "nuevo comienzo".

Preparación:

Antes de presentar un caso, deberá reunir todos sus registros financieros, como extractos bancarios, extractos de tarjetas de crédito, documentos de préstamos y recibos de pago. Utilizará esa información para completar la petición de bancarrota, los horarios, la declaración de asuntos financieros y otros documentos que se presentarán ante el tribunal. Puede descargar copias de forma gratuita desde el sitio web mantenido por los tribunales de los EE. UU. Su abogado utilizará las solicitudes de bancarrota para presentarlas.

En términos generales, estos documentos incluyen la petición voluntaria de alivio, los cronogramas de activos y pasivos, las declaraciones con respecto a la educación del deudor y la declaración de asuntos financieros. Estos documentos requieren que abra su vida financiera al tribunal de quiebras. Incluyen una lista de todas las propiedades, deudas, acreedores, ingresos, gastos y transferencias de propiedades, entre otras cosas. Una vez completado, se presentará ante el secretario de su tribunal local de quiebras y pagará una tarifa de presentación.

 "Si está interesado en encontrar su tribunal local, visite la página del localizador de tribunales federales   , elija" Quiebra "en" Tipo de tribunal "y escriba su ubicación en el cuadro inferior".

Asesoramiento de crédito

Casi todos los deudores individuales que desean presentar un caso del Capítulo 7 tienen que participar en una sesión con un asesor de crédito aprobado antes de que se pueda presentar el caso. Esto puede ser en persona, en línea o por teléfono. La razón detrás de este requisito es que algunos deudores potenciales no conocen sus opciones.

"Un asesor de crédito puede sugerir alternativas que lo mantendrán fuera de la bancarrota. Puede obtener más información sobre este requisito en el sitio web para el fideicomisario estadounidense ".

Prueba de medios

Un deudor también debe pasar con éxito el cálculo significa prueba , que es otro documento que debe completarse antes de declararse en quiebra. Esta prueba, que se agregó al Código de Bancarrota en 2005, calcula si puede pagar o tiene los "medios" para pagar al menos una parte significativa de sus deudas. La prueba de medios compara su ingreso con el ingreso medio de su estado. Si no pasa la prueba de medios, solo puede declararse en bancarrota bajo el Capítulo 7 bajo excepciones muy especializadas. Su alternativa sería presentar un caso de plan de pago del Capítulo 13.

Junta de acreedores

Después de que se presente una bancarrota del Capítulo 7, el tribunal emitirá un documento notificando la reunión de acreedores del deudor. Este aviso también se envía a los acreedores que figuran en los documentos de quiebra. Durante la reunión de acreedores, el fideicomisario de bancarrota le hará varias preguntas al deudor sobre la bancarrota, como si toda la información contenida en los documentos de bancarrota es verdadera y correcta. El administrador puede hacer otras preguntas sobre los asuntos financieros de un fideicomisario.

Si el fideicomisario desea investigar más a fondo la bancarrota, la reunión de acreedores puede trasladarse a una fecha futura. Es importante tener en cuenta que en la reunión de acreedores, como su nombre indica, cualquier acreedor puede aparecer y hacerle preguntas al deudor sobre su bancarrota y sus finanzas. En realidad, sin embargo, los únicos acreedores que aparecen regularmente son los acreedores de automóviles (para preguntar qué piensa hacer sobre los pagos de su automóvil) y el IRS (para preguntar cuándo va a pagar esos impuestos no descargables).

Incautación de activos

Si tiene alguna propiedad no exenta, el administrador de la bancarrota tiene la capacidad de confiscar y vender la propiedad. Las exenciones se refieren a los estatutos federales o estatales que le permiten proteger ciertos tipos de propiedad cuando se declara en bancarrota. Por ejemplo, existen exenciones para proteger las cuentas de jubilación, como un plan 401 (k). Cualquier activo que el administrador pueda recuperar se distribuye a los acreedores.

Curso de gestión financiera

Antes de que la mayoría de los deudores puedan recibir una aprobación de la gestión, deberán tomar un curso de administración financiera. Esta clase probablemente sea impartida por el mismo grupo que utilizó para la asesoría de crédito. Planee pasar aproximadamente una hora y media en persona, en línea o por teléfono.

Dar de Baja

Si el fiduciario y los acreedores no se oponen a la aprobación de la gestión del deudor, el tribunal de quiebras automáticamente dará de baja al deudor en algún momento después del último día para objetar. El último día para presentar una queja objetando la descarga de un deudor es 60 días después de la primera sesión de la reunión de acreedores. Si no se presenta una queja, la descarga generalmente se registra varios días después. La aprobación de la gestión evita que los acreedores intenten cobrar cualquier deuda contra usted personalmente que surgió antes de la presentación de la quiebra.

Por lo tanto, para todos los efectos, la descarga elimina efectivamente las deudas. Sin embargo, es importante tener en cuenta que no todas las deudas son cancelables, incluidos ciertos impuestos y obligaciones de manutención de los hijos o del cónyuge. Además, una dada de baja es personal. Esto significa que un acreedor aún puede cobrar una deuda descargada de un codeudor que no se declaró en quiebra. Un acreedor con garantía también puede usar esa garantía para satisfacer parte de esa deuda pendiente.

¿Qué es la deuda liquidada?

¿Alguna vez se ha preguntado si realmente le debe a un acreedor una cierta cantidad de dinero? ¿Alguna vez ha habido casos en los que simplemente no estaba seguro de si le habían cobrado, o si su pago había sido aceptado, o incluso si era responsable de una deuda?

Para muchas deudas, no es difícil calcular lo que debe. Su acreedor se lo pone fácil enviándole un estado de cuenta, generalmente mensual, estableciendo sus cargos, los intereses acumulados, los cargos en los que incurrió, los pagos que realizó durante el ciclo de facturación y su saldo.

En ciertas situaciones, hay algunas cuentas que tienen saldos pendientes, y es posible que no pueda determinar el monto adeudado.

Estas se llaman deudas liquidadas. Cuando el saldo adeudado es seguro, el prestatario y el prestamista pueden determinar un acuerdo en términos de un contrato o posiblemente de un procedimiento legal.

Deuda no liquidada contra deuda en disputa o contingente

Estrechamente relacionado con el concepto de deuda liquidada está la deuda en disputa y contingencia.

Una deuda se disputa cuando algún elemento del contrato o acuerdo entre las partes no está claro. Una de las partes puede negar que tiene alguna responsabilidad por la deuda. El prestatario puede disputar el saldo porque no ha recibido crédito por los pagos que ha realizado.

Una deuda es contingente si debe ocurrir algún evento antes de que el deudor se haga responsable de la deuda. Un ejemplo común es un garante. El garante acuerda pagar la deuda, pero solo si el prestatario primario no cumple con los requisitos, no paga o no cumple con los términos del acuerdo.

Una deuda puede ser no liquidada, disputada o contingente, y podría ser dos de esos o los tres.

Deudas liquidadas en bancarrota

El estado de una deuda es importante en el contexto de un caso de bancarrota. Las deudas tienen que ser ciertas, o liquidarse, antes de que un administrador de bancarrota pueda pagar un reclamo. Asimismo, no debe haber disputas ni contingencias pendientes.

Ejemplos de deuda liquidada y no liquidada

Aquí hay algunos ejemplos de deuda liquidada y no liquidada. La deuda puede surgir de muchas fuentes. Para nuestros propósitos, consideremos los agravios, que son errores civiles que causan daños a otros o la propiedad de otros. También veremos la deuda que surge del contrato.

Deuda extracontractual liquidada

El accidente automovilístico, Parte 1: Durante la hora pico una tarde, alguien lo golpeó por la parte trasera y usted chocó por detrás con el automóvil que estaba delante. El conductor de delante tuvo que ser llevado al hospital. Después del tratamiento y de obtener un estimado para arreglar su automóvil, el conductor perdió $ 4,379. Él sabe exactamente cuánto porque tiene las facturas y la estimación para probarlo. A menos que tenga alguna razón para disputar el monto, los $ 4,379 son una deuda liquidada.

El accidente automovilístico, Parte 2: Digamos que el conductor sufrió una lesión que requerirá tratamiento durante un período prolongado de tiempo. Hasta que se complete ese tratamiento, el monto de la deuda no se liquidará porque nadie sabe exactamente cuánto se necesitará para que el conductor se recupere nuevamente, si es que lo hace. Pero, si se le considera responsable del accidente, puede llegar a un acuerdo para pagar una cierta suma al conductor y quedar libre de cualquier responsabilidad futura por los pagos. Luego, la deuda se liquida porque las partes han llegado a un acuerdo.

El accidente automovilístico, Parte 3: Entonces, en lugar de llegar a un acuerdo con el conductor, digamos que disputa cuánto debe o incluso si es responsable del accidente (después de todo, alguien lo golpeó primero). El conductor lesionado lo lleva a la corte y el juez o el jurado determina que: 1. Usted causó las lesiones del conductor, y 2. Le debe al conductor $50,000. Debido a que el tribunal dicta una sentencia por una determinada suma, la deuda que usted tiene se liquida.

La situación puede aplicarse a situaciones similares. Su perro muerde a un vecino. El vecino lo demanda por difamación, mintiendo sobre la mordedura en las redes sociales. Usted escribe con pintura "enemigo de los perros" en la cerca de su vecino. Creo que entiende.

Deuda contractual liquidada

El préstamo para automóvil: las deudas no liquidadas no se limitan a situaciones de accidente; También pueden ocurrir cuando se trata de un contrato. Por ejemplo, pidió prestado dinero para comprar un automóvil y tiene un contrato que requiere que pague $ 300 por mes durante 36 meses por un total de $ 10,800. Yo diría que la cantidad está liquidada. Pero después de un tiempo adquiere suficiente dinero y paga el préstamo antes de tiempo. El monto pagado es de $ 9,500. Eso también es una cantidad liquidada, porque se calcula fácilmente. Usted y el prestamista están de acuerdo con el saldo adeudado.

Considere lo que sucede cuando pierde su trabajo y ya no puede hacer los pagos. El prestamista recupera su automóvil y lo pone a la venta. Si el prestamista no obtiene suficiente de la venta para pagar su deuda, usted será responsable de la diferencia. Pero, hasta que se venda el automóvil, la deuda no está liquidada. El saldo final de la cuenta no se puede determinar.

Es posible, aunque altamente improbable, que la venta genere lo suficiente para pagar el préstamo en su totalidad. Entonces, la contingencia es si la venta paga o no el préstamo.

Exenciones de bancarrota: Apéndice C

Elegir sus exenciones es fundamental para la propiedad que conserva después de la quiebra

Uno de los propósitos de nuestro sistema de bancarrota es dar a las personas que han tenido problemas financieros un "nuevo comienzo". Con ese fin, ninguna quiebra va a dejar a un deudor en la miseria. El deudor y sus dependientes siempre se quedarán con lo básico para un nuevo comienzo. Eso incluirá muebles, ropa, artículos para el hogar, incluso automóviles y equidad en una granja.

La propiedad que se le permite mantener en un caso de bancarrota se llama propiedad exenta. Para que el tribunal y sus acreedores sepan qué propiedad tiene la intención de conservar, el código de bancarrota requiere que usted reclame afirmativamente esas exenciones.

¿Dónde encuentra exenciones?

Las exenciones de bancarrota se basan en las leyes estatales y federales, y cada estado individual ha promulgado sus propias exenciones. Estas exclusiones se aplican a más que solo casos de bancarrota; también se aplican cuando un acreedor obtiene un fallo y quiere tomar propiedad del deudor para satisfacer una cuenta.

El Congreso también aprobó una serie de exenciones federales. Dependiendo de dónde viva y se declare en bancarrota, la ley del estado puede permitirle usar solo las exenciones estatales, a diferencia de las exenciones federales. Por ejemplo, en California solo puede elegir exenciones estatales y no exenciones federales, pero en Texas puede elegir si desea aplicar las exenciones estatales de Texas o las exenciones federales.

Considere obtener ayuda profesional

Las exenciones de bancarrota son complicadas. Aunque no tiene que contratar a un abogado para que lo represente durante el caso de quiebra, es muy importante contar con asistencia cuando elija su lista de exención. Si se equivoca, las consecuencias pueden variar de incómodas a devastadoras.

Programa de bancarrota C

Uno de los documentos que presenta con su documentación de bancarrota se llama Anexo C: La propiedad que reclama como exenta, Formulario oficial B 106C. El Anexo C es posiblemente el documento más importante que debe completar al declararse en bancarrota, sin importar el capítulo. El Anexo C contiene sus reclamos de exención. Estas exenciones le permiten conservar bienes que de otro modo se convertirían en propiedad del patrimonio de la quiebra y del administrador de la quiebra.

Completando el Anexo C

Parte 1, Pregunta 1

En la Parte 1 del Anexo C, notará que el documento requiere que seleccione una casilla si reclama exenciones de conformidad con 11 USC sección 522 (b) (2) o 11 USC sección 522 (b) (3). Si elige exenciones de la ley estatal, seleccione 522 (b) (3); la sección 522 (b) (2) indica que ha elegido exenciones de la ley federal. Algunos estados no le permiten elegir exenciones de la ley federal. Consulte con un abogado de bancarrota para determinar si este es el caso en su estado de residencia.

Parte 1, Pregunta 2

Descripción del inmueble

Comenzando con la Pregunta 2, enumerará todos los bienes del Anexo A / B para los cuales reclama una exención. Si no enumera la propiedad del Anexo A / B, no estará exenta, ¡y el síndico de bancarrota puede tomarla y venderla! Debe usar las mismas descripciones que usó en el Anexo A / B.

Valor actual de la porción que posee

También indicará la cantidad que es el valor actual de la parte de la propiedad que posee. Puede elegir incluir una cantidad específica. Por ejemplo, en California, la sección 703.140 (b) (3) permite a los residentes reclamar hasta $ 550 por artículo. Por lo tanto, en ese ejemplo, pondría $550 en el espacio en blanco para el valor. Como alternativa, puede elegir decir que está reclamando el 100% del valor justo de mercado, hasta los límites enumerados en el estatuto de exenciones aplicable que está utilizando.

Leyes específicas que permiten exenciones

"En esta sección, colocará la sección de código específica que establece la exención. Por ejemplo, en California, citaría la sección 703.140 (b) (3) del Código de Procedimiento Civil de California para las exenciones en artículos y ropa para el hogar. Cada estado tiene su propio conjunto de exenciones, y hay inmunidades contenidas en el código de bancarrota y en otros estatutos federales ".

Para más información, consulte Exenciones de bancarrota por estado

Parte 1, Pregunta 3

Se le preguntará si está reclamando una exención en su hogar de más de una cierta cantidad (que se ajusta cada tres años), y si adquirió la propiedad más de 1,215 días antes de presentar el caso de bancarrota. Usted está limitado a una exención familiar de una cierta cantidad máxima si obtuvo la propiedad relativamente recientemente. Esto es para evitar que los contribuyentes conviertan activos no exentos en efectivo y usen ese efectivo para comprar una propiedad costosa no mucho antes de declararse en bancarrota.

Parte 2

La segunda página es solo una continuación de la Parte 1, Pregunta 2. También puede agregar páginas adicionales según sea necesario para asegurarse de que ha cubierto toda la propiedad que desea eximir.

Objeciones a sus reclamos de exención

Después de declararse en quiebra, cualquier acreedor, el síndico de la quiebra o el síndico de los EE. UU. Pueden objetar sus reclamos de exención. Esto se realiza mediante la presentación de una objeción por escrito ante el tribunal de quiebras. Se llevará a cabo una audiencia ante un juez de quiebras sobre la objeción. Una parte puede oponerse a sus reclamos de exención por una variedad de razones, como exenciones categorizadas incorrectamente (reclamar una exención en la ropa bajo un estatuto de exención para un automóvil). Una objeción a sus reclamos de exención debe presentarse dentro de los 30 días posteriores a que el fiduciario concluya su reunión de acreedores, o dentro de los 30 días de cualquier modificación al Anexo C.

Permiso de exenciones

Si nadie se opone a sus exenciones dentro del período de 30 días mencionado anteriormente, sus exenciones serán permitidas por "operación de la ley". Esto significa que sus exenciones se permiten automáticamente y no tiene que preocuparse de que el síndico vendrá después de cualquier propiedad que haya exento.(United State Bankruptcy Court, 2018)

Capítulo Cuatro:
¿Cómo se calcula su puntaje de crédito?

¿Cómo se calcula su puntaje de crédito?

El puntaje de crédito tradicional es un número de tres dígitos que calcula su confiabilidad como prestatario. Puede usarse para predecir si pagará sus préstamos o pagará las deudas a tiempo, y determina si generalmente es un buen riesgo para los prestamistas.

Los puntajes de crédito generalmente varían de 300 a 850. Las tres agencias tradicionales de informes de crédito (Equifax, Experian y TransUnion) calculan su puntaje en función de la información en el informe de crédito.

La fórmula se basa en varios factores, entre ellos:

- ➤ Número de cuentas
- ➤ Tipos de cuentas
- ➤ Crédito disponible
- ➤ Duración del historial crediticio
- ➤ Historial de Pagos

Si los datos en su informe de crédito son inexactos, dañará su puntaje. Es importante generar un informe crediticio completo trimestralmente para que pueda identificar cualquier inexactitud.

Además, las quiebras, cobros, ejecuciones hipotecarias u otros incumplimientos financieros pueden afectar negativamente su puntaje de crédito. La raza, el género, el estado civil, la nacionalidad y la religión no se tienen en cuenta en ningún modelo de calificación crediticia.

¿Cómo se calcula su puntaje de crédito ?

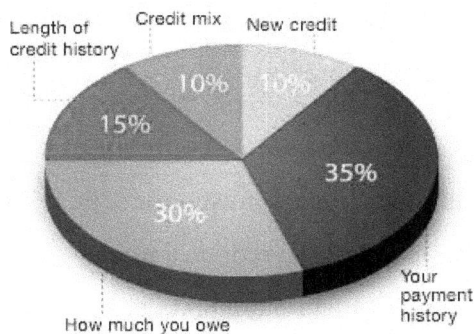

(FICO , 2018)

Cinco factores comunes conforman la puntuación calculada.

Su puntaje de crédito, un número de tres dígitos utilizado para determinar cuánto dinero puede pedir prestado y en qué términos, es complejo y enigmático. No se asuste: La buena noticia es que no tiene que ser un misterio.

Comprensión de los cinco componentes:

Historial de pagos (o cómo ha manejado el crédito en el pasado) equivale al 35 por ciento.

En el cálculo de su puntaje de crédito, ningún factor es más importante que el historial de pagos. Se compone de muchos componentes complejos, pero en última instancia, dicen los expertos, es bastante simple: Pague sus facturas a tiempo, cada calendario de pagos. Los saldos de tarjetas de crédito y préstamos pagados a tiempo o antes son el factor más importante en su puntaje de crédito.

El historial de pagos se compone de varios componentes complejos, que pueden confundir a los prestatarios. Pero, los expertos dicen que básicamente se reduce a nunca perder un pago, y su puntaje se mantendrá en buena forma. Si se produce un problema para forzar un pago tardío, comuníquese con el prestamista de inmediato y encuentre una solución al problema. La mayoría de los prestamistas trabajarán con usted, ya que entienden que ocurren situaciones que están fuera de su control.

El objetivo principal de un puntaje de crédito es ilustrar la probabilidad de que pague sus deudas. Cuanto más alto sea su puntaje, más probabilidades tendrá de calificar para una tasa de interés más baja y un límite de crédito alto. Un puntaje de crédito alto también puede ayudarlo a calificar para las mejores tasas de seguro, préstamos para automóviles, arrendamientos e hipotecas.

➢ Utilización Crediticia
➢ Duración del crédito
➢ Agregar crédito
➢ Tipos de crédito

Cada monto se calcula de manera diferente, pero el historial de pagos tiene el mayor peso con el 35 por ciento del puntaje. Aunque las agencias de informes de crédito son reservadas sobre muchos de los trabajos internos, sus sitios web presentan abiertamente los numerosos componentes que conforman el historial de pagos del prestatario. Esos componentes incluyen todo, desde información sobre cuentas de préstamos hasta morosidad en cualquier registro público, como quiebras y juicios.

La deuda total adeudada equivale al 30 por ciento. Si desea obtener una buena puntuación, deberá prestar atención a los montos adeudados, el segundo factor más importante utilizado para calcular la calificación del prestatario. Esto también incluye el monto de la deuda incurrida y el tiempo que lleva.

La cantidad de dinero que se le debe a los prestamistas es el segundo factor más importante. Es casi tan importante como pagar sus facturas a tiempo. Pero para algunos consumidores, dominar sus "cantidades adeudadas" puede requerir un enfoque algo menos que obvio. Los bancos y otras empresas usan puntajes de crédito para predecir las probabilidades de que un prestatario reembolse una deuda.

La puntuación se calcula utilizando cinco factores:

Historial de Pagos

- ➤ Radio de utilización de la deuda frente al crédito
- ➤ Duración del historial crediticio
- ➤ Nuevas cuentas de crédito
- ➤ Tipos de crédito

Los "montos adeudados" se utilizan para calcular la cantidad y los tipos de cuentas, junto con la cantidad de la deuda. Otro factor clave es la comparación entre el crédito disponible del prestatario y la cantidad que se está utilizando, o su índice de utilización del crédito.

Los prestatarios deben tener cuidado con la cantidad de deuda que tienen si esperan alcanzar un puntaje crediticio alto. El monto de la deuda llevada tiende a ser predictivo sobre su desempeño crediticio futuro. El monto que debe una persona tiene un impacto directo en su capacidad para pagar obligaciones de crédito.

Hay seis subcomponentes de dinero adeudado:

➢ Importe de la deuda
➢ Número de cuentas de deuda pendientes
➢ Cantidad de cuentas de deuda individuales
➢ Falta de tipos de deuda, en algunos casos.
➢ Porcentaje de cuentas rotativas, como tarjetas de crédito.
➢ Porcentaje de la deuda contraída con préstamos a plazos, como las hipotecas.

El límite de crédito de la deuda en comparación con el monto es crucial. Es el porcentaje de cuánto se debe en comparación con el monto de su límite de crédito. Si debe $ 100 en su tarjeta de crédito y tiene un límite de crédito de $ 1,000, su proporción es del 10 por ciento.

Sencillo, ¿verdad? No siempre. Aquí es donde se pone difícil: Por ejemplo, FICO no ve todos los tipos de cuenta como iguales. Los saldos rotativos (por ejemplo, tarjetas de crédito y minoristas) tienden a tener más peso que la deuda a plazos (por ejemplo, hipotecas, préstamos para automóviles y estudiantes) cuando se consideran los montos adeudados. En la categoría de montos adeudados, las tarjetas de crédito son el tipo de cuenta más importante para lograr un puntaje alto, pero también pueden hacer más daño que otros tipos de crédito.

Además, si bien puede considerar cerrar una tarjeta de crédito no utilizada o no deseada como una decisión financiera inteligente, debido a la forma en que se calcula su índice de utilización, FICO no siempre lo ve así.

Como ejemplo, imagine que tiene dos tarjetas de crédito, cada una con un límite de crédito de $ 500, para un crédito total disponible de $ 1,000. Una de las tarjetas no se ha utilizado durante un tiempo y tiene un saldo de cero, mientras que la otra tarjeta tiene un saldo de $ 250. Eso le da un índice de utilización del 25 por ciento: su saldo de $ 250 dividido por su límite de crédito total de $ 1,000. Luego cierra esa tarjeta no utilizada, eliminando el límite de crédito de $ 500 asociado con esa cuenta. Ahora, solo tiene $ 500 en crédito total disponible en esa tarjeta, pero aún tiene $ 250 en deuda. De repente, su índice de utilización de crédito ha aumentado al 50 por ciento.

El cambio puede arrastrar tu puntaje a pesar de tus buenas intenciones. Pero debe hacer lo necesario para mantener la estabilidad financiera de su familia.

Para mejorar el monto adeudado de su puntaje, comience por averiguar cuánto crédito tiene disponible. Luego, pague los saldos. Si es un buen cliente, los bancos también pueden otorgar solicitudes para aumentar sus líneas de crédito renovables. Los niveles de deuda deben permanecer por debajo del 30 por ciento de los límites de crédito de la cuenta.

¿Otra recomendación? Considere realizar pagos a los acreedores más de una vez al mes. De lo contrario, si coloca un gasto importante, como un nuevo electrodoméstico, en una tarjeta de crédito, incluso si planea pagarlo, su puntaje puede verse afectado. La razón es que los puntajes de crédito se calculan como una instantánea en el tiempo, por lo que si eso sucede justo después de cobrar una nueva lavadora de $ 700, su índice de utilización se verá preocupantemente alto. Por lo tanto, en este caso, ayudarán hacer varios pagos más pequeños. Al final, es un acto de equilibrio.

Duración del historial de crédito *(o cuánto tiempo ha tenido crédito) es igual al 15 por ciento.*

Es posible que no sea el factor más importante, pero si no tiene un historial crediticio extenso, probablemente pueda olvidarse de tener un puntaje perfecto. Además, sin al menos un poco de historial crediticio, no tendrá una calificación en absoluto.

Pero, tenga cuidado de asumir demasiado crédito nuevo de una vez. Puede dañar su puntaje de crédito. Sin embargo, agregar algo de "crédito nuevo" a una cuenta vieja y problemática puede ayudar a su puntaje al disminuir su índice de utilización de crédito.

El puntaje se usa para decidir si tiene un buen riesgo crediticio. El cálculo del puntaje se determina por varios métodos. Para comenzar, se consideran las solicitudes de préstamos y las nuevas deudas que se agregaron en los últimos seis a doce meses. No es el factor más importante, pero la aparición del "nuevo crédito" influye en la puntuación del consumidor. En opinión de FICO, hace que un prestatario sea más riesgoso y, por lo tanto, generalmente tendrá un efecto perjudicial a corto plazo.

Sin embargo, el nuevo crédito puede ayudar a su puntaje al reducir su utilización general del crédito. Por ejemplo, supongamos que posee una tarjeta de crédito con un límite de $ 5,000 y un saldo de $ 4,000. Su índice de utilización de crédito es un enorme 80 por ciento, seguro que será visto como riesgoso para los prestamistas potenciales. Sin embargo, si puede obtener una nueva tarjeta con un límite de $ 10,000 y no la usa de inmediato, su utilización de crédito cae a un 27 por ciento más aceptable.

El nuevo crédito representa aproximadamente el 10 por ciento del puntaje de un consumidor, que oscila entre 300 (mal crédito) y 850 (excelente crédito). El nuevo crédito puede ayudar o perjudicar su puntaje; todo depende de qué más hay en su historial de crédito y de cómo planea usar las nuevas cuentas. En general, es mejor ser conservador al solicitar un nuevo crédito. Sin embargo, no significa que deba tener miedo de abrir una cuenta nueva.

Cuando trabajas para lograr una larga historia de préstamos responsables, eventualmente te dará un puntaje crediticio alto. Estudios recientes han demostrado que los nuevos préstamos o incluso solicitar un préstamo pueden dañar su puntaje de crédito a corto plazo. Es más probable que estos prestatarios no cumplan con un préstamo o pierdan pagos que aquellos que tienen crédito a largo plazo.

FICO considera los siguientes factores:

➤ ¿Cuántas cuentas se han abierto en los últimos seis a 12 meses, así como la proporción de cuentas nuevas, por tipo de cuenta?

➤ ¿Cuántas consultas de crédito se han realizado recientemente?

➤ Cuánto tiempo ha pasado desde la apertura de nuevas cuentas, por tipo de cuenta.

➤ Cuánto tiempo ha pasado desde cualquier consulta de crédito. La reaparición en un informe de crédito de información crediticia positiva para una cuenta que tenía problemas de pago anteriores.

La lista anterior muestra la primera disminución en un puntaje FICO antes de que se abra una cuenta nueva. Cuando solicita un préstamo, resulta en lo que se llama una consulta de crédito "dura", que ocurre cuando un banco verifica su historial de crédito para decidir si debe aprobar la tarjeta de crédito o el préstamo. (Eso es diferente de una consulta "blanda", como cuando verifica su propio informe de crédito). Solo las consultas duras impactan negativamente en el puntaje del prestatario.

¿Cuánto daño hace una investigación difícil? Para la mayoría de las personas, equivale a una pérdida de menos de cinco puntos y las consultas disminuyen después de dos años. Pero podría variar.

Múltiples consultas de crédito en un corto período de tiempo, como solicitar cinco tarjetas de crédito en una semana, pueden multiplicar el daño de la puntuación. Sin embargo, con otros tipos de crédito nuevo, FICO reconoce que los prestatarios suelen darse una vuelta.

Por lo tanto, las consultas de múltiples solicitudes de préstamos hipotecarios, de automóviles y de estudiantes no afectarán su puntaje durante 30 días, pero todas las consultas difíciles afectarán el crédito. Una vez que ha pasado un mes, el modelo de calificación FICO trata las consultas múltiples para uno de esos tipos de préstamos como una sola consulta, siempre que todas las solicitudes se hayan realizado en un período de tiempo relativamente corto, como 45 días. La consolidación ayuda a limitar el daño al puntaje que de otro modo sería causado por múltiples verificaciones de crédito.

Otros tipos de cuentas que pueden dañar su puntaje son ciertas tarjetas de crédito nuevas. La consulta inicial puede reducir la puntuación, pero una vez aprobada puede reducir la puntuación una vez más.

¿Por qué esa doble penalización? Ambos elementos predicen el riesgo futuro, ya que indica que el consumidor está buscando un nuevo crédito. Lo mismo también se puede decir sobre la aparición de una nueva cuenta sin una consulta sobre el informe de crédito. La fórmula de puntuación está diseñada para evaluar el riesgo al considerar toda la información en el informe de crédito, incluso si múltiples datos apuntan a la misma acción del consumidor.

Para complicar un poco las cosas, a los ojos de FICO, el nuevo crédito no es del todo malo. Los pagos recientes de "recuperación" para las cuentas morosas más antiguas se tratan como crédito nuevo y son positivos para su puntaje. El uso cuidadoso de nuevas cuentas de préstamos puede ayudar a reducir el impacto de puntaje de los errores pasados en los préstamos.

Si un prestatario actualiza las cuentas vencidas, se considera un gesto positivo según la fórmula de FICO. Con el tiempo, a medida que pasan los meses y el prestatario realiza pagos puntuales adicionales, la puntuación del prestatario continuará sanando de errores pasados.

Sin embargo, dado que algunas cuentas morosas más antiguas pueden haber sido cerradas, no siempre es posible actualizar esas cuentas problemáticas. En esas situaciones, FICO dice que simplemente agregar nuevas cuentas, y siempre pagarlas a tiempo, puede ayudar a rejuvenecer el puntaje del prestatario, ya que demuestran que el prestatario ahora está actuando de manera más responsable. Si bien, la indagación inicial puede causar una baja en el puntaje, un prestatario responsable puede esperar recuperar los puntos perdidos después de un año.

Si la nueva cuenta se administra de manera responsable, debería ver que sus puntajes de crédito regresan una vez que su historial de crédito se estabilice.

FICO alienta a los prestatarios a abrir solo las cuentas de préstamos que necesiten. Los asesores de crédito están de acuerdo en que asumir demasiadas cuentas nuevas puede causar problemas. Se recomienda no ser imprudente al solicitar nuevas tarjetas de crédito. Pero, el miedo a asumir un nuevo crédito puede ser exagerado. Además, dado que las nuevas cuentas de crédito solo representan el diez por ciento de la calificación del prestatario, un proceso de solicitud cuidadoso puede limitar el daño de la calificación. Los prestatarios deberían centrarse en mejorar otros aspectos de su comportamiento en lugar de preocuparse por abrir nuevas cuentas.

Al comprender el modelo de calificación de FICO, los prestatarios pueden tomar las medidas necesarias para garantizar que obtengan una buena puntuación. Aunque los informes de crédito generalmente incluyen tipos similares de información, los datos recopilados por cada agencia de crédito pueden variar un poco. Los informes de crédito de las tres principales agencias de crédito, por ejemplo, pueden incluir lo siguiente:

Préstamos a plazos, incluidos préstamos para automóviles, préstamos estudiantiles y compras de muebles.

- ➤ Préstamos hipotecarios
- ➤ Tarjetas de Crédito
- ➤ Tarjetas de crédito minoristas
- ➤ Tarjetas de crédito de gasolineras
- ➤ Préstamos impagos contratados por agencias de cobro o compradores de deuda
- ➤ Datos de alquiler

Algunos informes de crédito pueden incluir datos alternativos, como el pago de alquileres y facturas de servicios. Si tiene la tentación de ir de juerga con su nuevo plástico, puede que no sea aconsejable agregar otra tarjeta a su billetera. Concéntrese en los fundamentos en lugar de solicitar préstamos en un esfuerzo por aumentar su puntaje, para la mayoría de los prestatarios, tiene sentido concentrarse en un gasto crediticio razonable.

Un buen puntaje depende más de pagar siempre las facturas a tiempo, mantener bajos los saldos de las tarjetas de crédito y abrir nuevas cuentas de préstamos solo cuando sea necesario. Hay pocos motivos para que la mayoría de los prestatarios busquen activamente una combinación de crédito.

La combinación de crédito (o cuántos tipos diferentes de préstamos ha obtenido a lo largo de los años) equivale al 10 por ciento.

¿Quiere buen crédito? El uso responsable de un solo préstamo puede llevarlo allí. Pero si desea un puntaje de crédito superior, el tipo que le brinda las mejores tasas, los límites más altos y las mejores ofertas, tendrá que mezclarlo un poco.

Es necesaria una variedad de préstamos para maximizar su puntaje de crédito. Si no tiene varios tipos diferentes de préstamos, no anulará su puntaje. Después de todo, el componente de "tipos de crédito" es el menos importante de los cinco factores en la fórmula de crédito. Pero si se esfuerza por lograr la perfección, la única forma es manejar responsablemente una buena combinación de crédito.

A los prestamistas les gusta ver a los consumidores con un historial de pagos a tiempo en cada tipo de cuenta para demostrar una gestión de crédito responsable. Ayuda a los prestamistas a comprender el riesgo crediticio de un consumidor.

La idea de que su regulación crediticia se use como un juego puede ser desconcertante, pero es cierto. Si bien su puntaje de crédito es un asunto muy serio, la administración estratégica ciertamente comienza a sentirse como un deporte.

Considere lo siguiente: Muchas personas están angustiadas al saber que, aunque pagan los saldos de sus tarjetas de crédito en su totalidad cada mes, se ven obligados a pagar la parte adeudada de su puntaje. Cada vez que exceda un índice de utilización de crédito del 30% durante cualquier ciclo de facturación, puede dañar su puntaje de crédito.

No se estrese; Existen tácticas que puede utilizar para solucionar este problema. En otras palabras, puede ganar el juego de utilización de crédito. Así es como.

➢ Rastree cuánto está cargando a cada tarjeta:

➢ Configure alertas de saldo

➢ Aumente los límites de crédito en sus tarjetas

➢ Averigüe cuándo su emisor se reporta a las agencias de crédito

➢ Acostúmbrese a pagar a mitad de ciclo

➢ Rastree cuánto está cargando a cada tarjeta:

La forma más fácil de evitar perder puntos en su puntaje de crédito es simplemente saber cuánto cobra a cada tarjeta. Acostúmbrese a patrullar sus cuentas en línea para vigilar sus gastos; Si comienza a acercarse al 30% de utilización en una tarjeta, realice un pago o cambie a usar otra tarjeta. Establezca una regla para mantener su saldo por debajo del 30% en todas sus tarjetas.

Su utilización de crédito generalmente se calcula sobre sus saldos pendientes totales, en comparación con su límite de crédito total en todas las tarjetas. Pero, algunos modelos de puntuación lo penalizan por exceder el 30% de utilización en cualquier tarjeta. Si mantiene su saldo del 30% en las tarjetas, puede vencer al juego.

Configure alertas de saldo

Si tiene dificultades para recordar revisar sus cuentas en línea, la tecnología puede ayudarlo. Regístrese con su emisor para recibir alertas de saldo por mensaje de texto o correo electrónico. De esta manera, se asegurará de saber cuándo se está acercando al temido umbral de utilización del 30%.

Consejo profesional: configure la alerta para que le avise cuando su saldo alcance el 20% de su crédito disponible. De esa manera, tiene un poco de tiempo para actuar antes de alcanzar la cantidad establecida.

Aumente los límites de crédito en sus tarjetas

Si es difícil evitar utilizar más del 30% antes de que termine el mes, otra solución podría ser solicitar un aumento de la línea de crédito en su tarjeta o tarjetas. Por ejemplo, si su límite de crédito es actualmente de $ 5,000 pero generalmente carga $ 2,500 a su tarjeta todos los meses, regularmente alcanza un índice de utilización de crédito del 50%.

Pero si aumenta su límite de crédito a $ 10,000, puede gastar la misma cantidad todos los meses y solo obtener una relación de saldo a límite del 25%. Esto podría marcar una gran diferencia en su puntaje de crédito.

Solicitar un aumento en la línea de crédito podría iniciar una investigación exhaustiva sobre su crédito, pero su puntaje debería recuperarse rápidamente.

Averigüe cuándo su emisor se reporta a las agencias de crédito

En general, la mayoría de los emisores de tarjetas de crédito informan su saldo y actividad de pago a las agencias de crédito una vez al mes. Sin embargo, esto no necesariamente coincide con su fecha de vencimiento. Si su emisor informa unos días antes del final de su ciclo de facturación, siempre parecerá que tiene un saldo alto, incluso si lo paga en su totalidad solo unos días después.

Pero esto se puede resolver haciendo una llamada rápida a la línea de servicio al cliente del emisor de su tarjeta y preguntando cuándo informan a los burós de crédito. Simplemente pague la mayor cantidad de su saldo como pueda antes de esa fecha cada mes y es posible que vea un salto en su puntaje.

Capítulo Cinco:
Consultas de crédito duro y blando

Como la mayoría de las cosas en la vida, los puntajes de crédito pueden ser frustrantes si no comprende cómo funcionan. Sabía usted que:

¿Podría haber errores en su informe de crédito que están dañando su puntaje?

¿No usar sus tarjetas de crédito podría ser contraproducente en su contra?

Cuando algunos minoristas e instituciones financieras acceden a su informe de crédito, las consultas de crédito podrían afectar su puntaje, mientras que otras consultas no lo harán.

No conocer estos hechos podría dañar seriamente su solvencia crediticia a los ojos de los prestamistas potenciales, por lo que es importante mantenerse al tanto de su educación crediticia.

Consultas de crédito

- ➢ ¿Qué son exactamente?
- ➢ ¿Por qué hay diferentes tipos y, lo que es más importante, cuáles pueden afectar su crédito?

¿Qué es una consulta exhaustiva?

Una consulta exhaustiva es cuando un posible prestamista revisa su informe de crédito para tomar una decisión de préstamo. Las consultas exhaustivas pueden reducir ligeramente su puntaje de crédito y, por lo general, permanecerán en su informe durante dos años.

¿Qué es una consulta suave?

Una consulta suave es una consulta que ocurre cuando una persona o compañía verifica su informe de crédito como verificación de antecedentes, como cuando verifica su puntaje de crédito o un prestamista hipotecario lo aprueba previamente para un préstamo. Las consultas suaves pueden ocurrir sin su permiso, pero no se preocupe, no afectarán su crédito de ninguna manera.

¿Cuándo ocurren las consultas exhaustivas y suaves?

Las consultas exhaustivas suelen tener lugar cuando los consumidores solicitan una tarjeta de crédito, un préstamo para un automóvil, una hipoteca u otro préstamo. Por otro lado, las consultas suaves generalmente ocurren cuando los empleadores acceden a su informe para buscar signos de riesgo o cuando revisa su propio informe de crédito. Los prestamistas también pueden usar consultas suaves para preaprobarle una tarjeta de crédito o un préstamo. Como no toman una decisión de préstamo ni garantizan la aprobación, solo dicen que es probable que se apruebe para esa tarjeta de crédito o préstamo, estas consultas generalmente se consideran "promocionales" y no afectarán su puntaje.

Desafortunadamente, hay algunas áreas grises donde podría ocurrir una consulta dura o blanda, incluso cuando un banco necesita verificar su identidad o cuando solicita alquilar un apartamento o automóvil. Si le preocupa el número creciente de consultas difíciles en su informe, pregunte a la institución financiera o empresa qué tipo de consulta es necesaria para que la acción continúe. Evitará sorpresas desagradables.

¿Las consultas afectan mi puntaje de crédito?

Si bien las consultas suaves no reducirán su puntaje, las consultas difíciles podrían disminuir ligeramente su puntaje. La buena noticia es que, por lo general, las consultas difíciles no afectan su puntaje de crédito; factores como su historial de pagos y la tasa de utilización del crédito generalmente se ponderan más fuertemente. Sin embargo, el impacto de una consulta varía según su historial de crédito. Si tiene pocas cuentas, un historial de crédito corto o una tonelada de consultas, una consulta dura adicional podría tener un mayor impacto.

Tenga en cuenta que cuando los acreedores ven muchas preguntas difíciles sobre un informe, se vuelven cautelosos. Extender el crédito a alguien con numerosas consultas difíciles parece que un consumidor está desesperado por obtener crédito o que anteriormente no pudo obtener el crédito necesario de otros prestamistas. En otras palabras, muchas consultas pueden hacer que parezca un prestatario de mayor riesgo, por lo que es mejor minimizar las consultas.

¿Puedo evitar consultas exhaustivas?

Si desea solicitar una nueva tarjeta de crédito o préstamo, no hay forma de evitar la indagación posterior. Sin embargo, hay buenas noticias para aquellos que buscan darse una vuelta por la mejor oferta de una hipoteca o préstamo para auto: algunos modelos de calificación crediticia combinarán múltiples consultas dentro de un período determinado en una sola. Si va a calificar la tienda, asegúrese de mantenerse constante y trabajar rápido. Las agencias de crédito generalmente se dan cuenta del hecho de que está haciendo una comparación de compras y, por lo general, le dan un plazo de 14 a 45 días para finalizar la comparación.

En general, es mejor verificar su puntaje de crédito y solo solicitar tarjetas de crédito y préstamos para los que es más probable que califique. De esta manera, si bien no puede evitar las consultas de crédito, puede minimizar el número de ellas. Sin embargo, no te estreses por evitar todas las preguntas difíciles. Como se mencionó anteriormente, aunque tienen el potencial de dañar su salud crediticia, generalmente juegan un papel menor en su puntaje.

¿Cómo puedo deshacerme de las consultas exhaustivas que no aprobé?

Si hay una consulta exhaustiva en su informe que no autorizó, simplemente llame o escriba al acreedor, dígale que no autorizó la consulta y solicite que la eliminen. Alternativamente, como cualquier otra información incorrecta en su informe de crédito, puede deshacerse de los errores al disputarlos directamente con los burós de crédito. Su puntaje de crédito está en juego, por lo que querrá asegurarse de que la información sea precisa.

La línea de fondo: Entre el miedo a ser rechazado y la posibilidad de que su puntaje disminuya, solicitar una nueva cuenta de crédito puede parecer una experiencia aterradora. Pero no tiene que serlo. Aprenda sobre qué tipos de consultas podrían afectar su puntaje, sepa cómo evitar consultas excesivas y solo solicite el crédito para el que probablemente será aprobado, y podrá obtener el crédito necesario.

Capítulo Seis:

Cuentas bancarias y calificación crediticia

Su puntaje de crédito es más que solo un número de tres dígitos; Es una herramienta financiera importante que los prestamistas utilizan para determinar qué tan responsable es usted cuando se trata de administrar su dinero. Hay varias cosas que afectan su puntaje de crédito, incluido su historial de pagos y el monto de la deuda, pero sus hábitos bancarios también pueden marcar la diferencia. Si bien deslizar su tarjeta de débito o escribir un cheque no afectará su puntaje directamente, la forma en que maneje su cuenta bancaria puede afectar su solvencia.

¿Las cuentas corrientes afectan su puntaje de crédito?

Su informe de crédito tradicional solo rastrea su situación de crédito y deuda. Si tiene una cuenta corriente o de ahorros en un banco, cooperativa de crédito o empresa de corretaje, las siguientes transacciones no aparecerán en un informe de crédito o puntaje de crédito:

➢ Hacer un depósito o retiro

- ➢ Redactar un cheque
- ➢ Cierre de una cuenta
- ➢ Tener múltiples cuentas

Si tiene un sobregiro de cheques, aún no aparecerá en su informe a menos que no pague las tarifas y el banco entregue la factura a una agencia de cobro.

Hay algunos casos en los que una cuenta corriente podría afectar su puntaje de crédito tradicional. Algunos bancos o cooperativas de crédito pueden ver su informe de crédito cuando abre una nueva cuenta. Por lo general, hacen un "tirón suave", lo que significa que verifican su crédito, pero no afecta su puntaje de crédito. Algunos bancos pueden hacer un "tirón difícil" o una "consulta dura", aunque generalmente los prestamistas solo los utilizan cuando solicita crédito o un préstamo. Si el banco hace un esfuerzo difícil, afectará su puntaje de crédito por hasta 12 meses, generalmente bajando su puntaje en cinco puntos o menos.

La segunda forma en que una cuenta corriente puede afectar su puntaje de crédito es cuando se registra para la protección contra sobregiros en la cuenta. Establece una nueva línea de crédito, posiblemente desencadenando una consulta de informe de crédito y un informe del banco a las tres principales oficinas de informes de crédito. Pero este no es siempre el caso, no se informan todas las cuentas de sobregiro. Para saber si su cuenta puede ser reportada, pregunte directamente a su banco.

Incluso si un banco no informa una nueva cuenta corriente a las agencias de crédito, puede verificar con ChexSystems, una agencia de informes de consumo para instituciones financieras. Los bancos reportan cuentas corrientes y de ahorro mal manejadas que a su vez comparten esa información con los bancos y ayudan a determinar el riesgo de abrir nuevas cuentas. Los informes a ChexSystems permanecen archivados durante cinco años.

Apertura de nuevas cuentas

Al abrir una nueva cuenta corriente o de ahorros, el banco puede decidir hacer una verificación de crédito rápida antes de que lo aprueben. El banco tiene la opción de hacer un tirón duro o suave. Una consulta suave generalmente no afecta su puntaje, pero se mostrará una consulta dura en su historial de crédito.

Si planea abrir una nueva cuenta, consulte primero con el banco para ver qué tipo de consulta se requiere.

Cierre de una cuenta

Cuando se trata de su crédito, la antigüedad de sus cuentas es un factor importante para determinar su puntaje. Cuanto más tiempo esté abierta una tarjeta de crédito o línea de crédito, mejor. Por lo tanto, cerrar cuentas de tarjetas de crédito antiguas puede ir en su contra. Cuando cierra una cuenta corriente, la edad no es un factor, pero aún es posible que pueda afectar su puntaje.

Si está cerrando una cuenta con un sobregiro pendiente o el banco cierra su cuenta porque sospecha de fraude u otra actividad criminal, podría aparecer en su crédito. Si la información se informa a través de ChexSystems o las tres principales agencias de informes de crédito depende en última instancia del banco. Sin embargo, si está cerrando una cuenta porque ha encontrado un mejor trato en otro lugar, su banco no puede mantener esto en su contra.

Los bancos son responsables de reportar información negativa a ChexSystems. Algunas de las razones por las que se le puede informar incluyen cheques sin fondos frecuentes, cargos por sobregiro excesivos o el abandono de una cuenta con un saldo negativo. Si escribe un cheque a una empresa que utiliza ChexSystems, la transacción puede ser denegada en función de la información en su archivo.

Sobregiros y su puntaje de crédito

El sobregiro simplemente significa que ha gastado más dinero del que tenía en su cuenta. Por lo general, el banco cubre la diferencia y le cobra una tarifa por hacerlo. Los sobregiros pueden ocurrir por varias razones. Tal vez usted escribió un cheque y se olvidó de él o un depósito no se borró de inmediato. Cuando solo ocurre una vez, un sobregiro generalmente no es tan importante.

Sin embargo, si ha acumulado una cantidad significativa de sobregiro y no tiene suficiente efectivo para sacar su cuenta de la red, puede significar problemas en lo que respecta a su crédito. Eventualmente, el banco puede decidir cerrar su cuenta y remitir la deuda a una agencia de cobro. En este punto, es probable que reciba una marca negra en su crédito que puede permanecer en su lugar por hasta siete años.

Prácticamente todos los bancos ahora ofrecen algún tipo de protección contra sobregiros, aunque es posible que deba solicitar específicamente este servicio. Dependiendo del banco, es posible que se le cobre una tarifa de servicio por separado si decide optar por participar. Ciertos bancos ofrecen protección contra sobregiros que se informa como una cuenta rotativa o línea de crédito. Las agencias de informes de crédito lo ven igual que una tarjeta de crédito al calcular su puntaje. Si habitualmente mantiene un saldo bajo en su cuenta corriente, inscribirse en la protección contra sobregiros es una decisión acertada.

Cheques sin fondos

Solía ser que si escribía un cheque, tardaría una semana o más en completarse. Hoy en día, los cheques se pueden liquidar en uno o dos días, lo que hace que sea vital que tenga suficiente dinero en su cuenta. Para reducir la cantidad de cheques sin fondos que reciben, muchas empresas optan por utilizar ChexSystems, que es una agencia de verificación de cheques e informes de crédito.

Capítulo Siete:
Relación deuda / ingresos

Relación deuda / ingresos

Todos entendemos el concepto de fondos entrantes y facturas salientes. Las múltiples facturas recurrentes, desde teléfonos celulares hasta internet, sin incluir hipoteca o alquiler. Además, puede agregar gastos de gas, alimentos y deudas de tarjetas de crédito. ¿Le suena familiar?

Algunos meses siente que todo su dinero se destina a pagar deudas en lugar de agregarlo a su fondo de jubilación u otros ahorros. Esto podría significar que tiene una situación alta de relación deuda-ingreso (RDI). La relación deuda-ingreso es un número que expresa la relación entre su deuda mensual total y su ingreso bruto mensual. Aquí está la fórmula:

RDI= pagos mensuales totales de la deuda / ingreso mensual bruto

Digamos que paga $ 1,600 por mes en su hipoteca. Usted paga $ 400 al mes por sus préstamos estudiantiles y no tiene otra deuda. Sus pagos mensuales totales de la deuda llegan a $ 2,000. Su ingreso mensual bruto es el dinero que gana antes de impuestos y deducciones. Si eso es $ 6,000, su RDI es del 33%.

Por qué es importante la relación deuda / ingresos

Desde su perspectiva, la relación deuda-ingreso es un número importante a tener en cuenta. Los montos generan la estabilidad de su situación financiera. Si su deuda es el 60% de sus ingresos, cualquier golpe lo dejará revuelto. Si debe aumentar sus gastos en otras áreas (gastos médicos, por ejemplo), tendrá más dificultades para cumplir con los pagos de su deuda que alguien con un RDI del 25%.

Desde la perspectiva de los acreedores y prestamistas, la RDI es una medida importante de riesgo. Las personas con relaciones de deuda a ingresos más altas tienen más probabilidades de incumplir sus hipotecas y otras deudas. Cuando solicita una hipoteca, calcular su RDI será parte del proceso de suscripción de la hipoteca. En general, el 43% es el RDI más alto que puede tener y aun así obtener una hipoteca calificada. Y desea una hipoteca calificada porque viene con más protecciones para el prestatario, como límites en las tarifas.

¿Qué es una buena relación deuda-ingreso?

Si el 43% es la relación deuda / ingreso máximo que puede tener mientras cumple con los requisitos para una hipoteca calificada, ¿qué cuenta como una buena relación deuda / ingreso? En general, la respuesta es una proporción igual o inferior al 36%. La regla del 36% establece que su RDI nunca debe pasar el 36%. Un RDI de 36% le da más margen de maniobra que un RDI de 43%, dejándolo menos vulnerable a los cambios en sus ingresos y gastos. Por supuesto, si puede administrar sus finanzas de tal manera que su RDI sea, digamos, 18%, mucho mejor.

La relación deuda-ingreso es una medida importante de su seguridad financiera. Cuanto más bajo sea, más asequibles serán sus deudas. Con un RDI bajo, es probable que pueda soportar mejor las tormentas y correr riesgos. Si desea tomar un trabajo que paga menos pero está en un campo que siempre soñó con unirse, no tendrá que preocuparse tanto por adaptarse a un ingreso más bajo. Además, deuda = estrés. Cuanto mayor sea su RDI, más puede comenzar a sentirse como si estuviera en una cinta de correr, trabajando solo para pagar a sus acreedores. Nadie quiere que esto ocurra.

Capítulo Ocho:
Manejo de problemas de crédito negativos

La idea de tener deudas persistentes puede ser agotadora. Pone énfasis en sus ingresos y tranquilidad. Pero antes de que pueda liberarse de la deuda, debe averiguar cuánto realmente debe. La única forma de lograr esta tarea es verificar su informe de crédito de una empresa de buena reputación. Luego, una vez que revise su informe y determine qué cuentas están en mora, puede comenzar a enumerar las agencias de cobro. Si bien el pago de las cuentas en las colecciones puede no mejorar su puntaje de crédito, les mostrará a los prestamistas que ha saldado sus deudas anteriores. De hecho, algunos prestamistas requieren que se haga cargo de todas las deudas morosas antes de aprobar un nuevo préstamo.

¿Qué es el cobro de deudas?

Cuando un prestatario no paga una deuda a tiempo, el acreedor puede entregarla a una agencia de cobro de deudas, lo que la convierte en "cobro". Por lo general, su acreedor intentará cobrarle de tres a seis meses, y algunos están dispuestos a llegar a un acuerdo para pagar su deuda. Sin embargo, si no paga, su acreedor podría optar por trabajar con un cobrador de deudas.

Su acreedor puede asignar un cobrador de deudas para cobrar la deuda, y pagarle al cobrador una fracción de los ingresos, o simplemente vender la deuda directamente. En el último caso, el cobrador de deudas puede quedarse con el dinero que se recupere.

¿Cómo puedo saber si tengo deudas en cobros?

Para saber si tiene deudas en cobros, siga estos pasos:

Revise su informe de crédito

El primer paso es verificar su informe de crédito. Puede obtener un informe de crédito gratuito de cada una de las tres principales agencias de crédito: Equifax, Experian y TransUnion, una vez cada 12 meses en AnnualCreditReport.com. Si tiene cuentas en colecciones, aparecerán como registros separados en su informe.

Averigüe si una agencia de crédito intentó comunicarse con usted

Las agencias de cobro de deudas solo cobran si cobran de usted, por lo que generalmente sabrá si tiene cuentas en cobros. Sin embargo, si se mudó o cambió su número de teléfono, una agencia de cobros podría estar tratando de comunicarse con usted a un número antiguo. Si ve una cuenta de cobro en su puntaje de crédito, comuníquese con el acreedor mencionado.

Pregunte a los acreedores originales

Si sabe que tiene una deuda antigua que no ha pagado pero no está seguro de a quién debe ahora, comuníquese con el acreedor original. El acreedor debería poder decirle si la deuda fue asignada o vendida a una agencia de cobro. Sin embargo, si la deuda se ha vendido, es posible que el acreedor original no pueda negociar con usted, incluso si así lo desea.

Obtenga información de contacto de su informe de crédito

Puede aprender a pagar cobros revisando su informe de crédito. Su informe debe contener toda la información necesaria para que pueda ponerse en contacto con una compañía de cobro de deudas. Las cobranzas que aparecen en su informe de crédito afectarán su puntaje de crédito, pero llamar a las agencias de cobranza para obtener información ni siquiera aparecerá en su reporte.

¿Qué debo hacer si tengo deudas en cobros?

Pague la deuda en su totalidad

La forma más directa de lidiar con la deuda en cobros es pagar lo que debe. Sin embargo, asegúrese de pagar a la parte correcta. Si se ha vendido su deuda, no puede simplemente pagar al acreedor original, porque la agencia de cobranza es la propietaria de la deuda. Pero recuerde que pagar su deuda podría no afectar su puntaje de crédito. Su informe de crédito se actualizará para mostrar que la cuenta de cobro ha sido cancelada, pero la información permanecerá en su informe durante siete años después de la fecha de morosidad original.

Negocie la deuda

Si no puede pagar la deuda en su totalidad, puede negociar pagando una cantidad menor a cambio de que el acreedor perdone lo que queda. Primero, asegúrese de negociar con la entidad que posee su deuda, ya sea la agencia de cobro o el acreedor original.

Al negociar, puede ofrecer hacer un pago a tanto alzado o crear un nuevo plan de pago con más flexibilidad. Pero, recuerde que el acreedor no tiene que hacer un trato. Si llega a un acuerdo, asegúrese de obtenerlo por escrito para que tenga pruebas de los términos si el acreedor alguna vez regresa y dice que aún debe dinero.

Dispute la deuda

En algunos casos, la deuda podría no ser legítimamente suya, como si le hubieran robado su identidad. Si recibe una notificación de una agencia de cobro por una deuda que no es suya, impugne por escrito dentro de los 30 días. Una vez que la agencia de cobranza recibe su disputa, debe dejar de contactarlo hasta que haya proporcionado la verificación de la deuda. También debe disputar la información con cada una de las agencias de crédito y proporcionar tanta información como sea posible para demostrar que no sacó la deuda original.

Conozca sus derechos

Una agencia de cobros debe proporcionarle la siguiente información dentro de los cinco días de haberlo contactado:

➢ Nombre del acreedor
➢ La cantidad que usted debe.

Tiene derecho a disputar la deuda dentro de los 30 días. Si no apela, el cobrador asumirá que la deuda es válida.

Los cobradores de deudas tienen prohibido engañarlo cuando intenta cobrar una deuda. Por ejemplo, el cobrador de deudas no puede decir que ha cometido un delito cuando no lo ha hecho, afirma falsamente que trabaja para el gobierno, amenaza con embargar su cheque de pago si no es legalmente capaz de hacerlo, o comete otro falso amenazas Si recibe una llamada con algunas amenazas, puede ser una estafa, así que no les dé ninguna información. Solicite contacto por correo o correo electrónico. Obtenga la información por escrito antes de continuar.

¿Cómo funcionan las agencias de cobro de deudas?

Las agencias de cobro de deudas ganan dinero cobrando deudas morosas. A veces, la agencia de cobro de deudas actúa en nombre de su acreedor original y le pagan una parte de lo recuperado. En otros casos, comprará la deuda del acreedor original por una fracción del valor real. El cobrador mantendrá toda la deuda recuperada.

¿Cuánto paga una agencia de cobros por una deuda?

Las cantidades que las agencias de cobro pagan por las deudas varían, pero pueden ser tan pequeñas como centavos por dólar. Cuando hable con las agencias de cobro, tenga cuidado de que se le pida que pague una deuda que supera el plazo de prescripción. Los consumidores pueden demandar a los cobradores que intentan cobrar una deuda que ya no está dentro del plazo de prescripción.

¿Puede una agencia de cobro de deudas llevarlo a la corte?

Sí, una agencia de cobro de deudas puede llevarlo a la corte. Si el tribunal determina que la deuda es legalmente exigible, la agencia de cobro de deudas podría embargar una parte de su salario, confiscar cuentas bancarias o registrar gravámenes contra sus bienes inmuebles, como su casa. Esto permite que los acreedores reciban un pago si su casa se vende o se refinancia.

¿Su antigua deuda tiene una fecha de vencimiento?

Si tiene alguna deuda negativa reflejada en sus informes de crédito, es posible que se pregunte cuánto tiempo pueden los cobradores de deudas tratar de cobrar esa deuda, y cuánto tiempo esa deuda puede afectar su crédito. La respuesta es depende. La respuesta completa requiere alguna explicación ... así que comencemos con las colecciones.

¿Cuánto tiempo se pueden cobrar las deudas antiguas?

Cada estado tiene una ley denominada "estatuto de limitaciones", que detalla el tiempo durante el cual los acreedores o cobradores pueden demandar a los prestatarios para cobrar deudas. En la mayoría de los estados, se ejecutan entre 4 y 6 años después del último pago de la deuda.

Una deuda que está fuera del plazo de prescripción se denomina deuda "con prescripción temporal".

En algunos estados, los cobradores no pueden tratar de cobrar una vez que una deuda ha pasado el plazo de prescripción. En otros estados, no pueden demandarlo, pero aún pueden tratar de cobrar la deuda.

¿Eso significa que una vez que el plazo de prescripción haya expirado, no será demandado por una deuda? No necesariamente. Algunos compradores de deudas, empresas que compran e intentan cobrar deudas muy antiguas, aún persiguen a los prestatarios e incluso los llevan a los tribunales. Saben que la mayoría de los prestatarios que son demandados por deudas antiguas no se presentarán ante el tribunal y el juez emitirá un "fallo predeterminado", que puede otorgarles poderes de cobro adicionales, como el acceso al dinero que un deudor tiene en su banco cuenta, o la capacidad de embargar salarios para cobrar el fallo. Para evitar esto, todo lo que debe hacer un prestatario es comparecer ante el tribunal a la hora señalada y explicar que la deuda tiene un plazo de vencimiento. Si eso es correcto, la demanda será desestimada.

Si una agencia de cobranza se comunica con usted por una deuda muy antigua:

Pídale al cobrador de deudas que le envíe un aviso por escrito de la deuda. Esto es requerido por la Ley Federal de Prácticas Justas de Cobro de Deudas, (Federal Trade Commission, n.d.) , incluso si no lo solicita. Pero al mantener la conversación telefónica inicial al mínimo, puede evitar decir o hacer algo que pueda lastimarlo más tarde. (Los estafadores dirán que no están permitidos o le ofrecerán enviarle un correo electrónico. No acepte esa respuesta).

Una vez que reciba un aviso por escrito de la deuda, tiene 30 días para solicitar la validación de la deuda. Envíe su solicitud al cobrador con una carta certificada y simplemente pídales que validen la deuda. No tiene que dar una razón para su solicitud. Simplemente puede decir, disputo esta deuda, valídela.

Mientras espera la respuesta del cobrador de facturas, comuníquese con un abogado de derecho del consumidor o la oficina del fiscal general de su estado para confirmar el estatuto de limitaciones de la deuda. (Los abogados de derecho del consumidor que regularmente representan a los consumidores en casos contra cobradores de deudas a menudo ofrecen una consulta gratuita).

Si confirma que la deuda es demasiado vieja, tiene una de tres opciones. Podrá:

Pagar la deuda

Si sabe que debe la deuda y puede pagarla, puede hacerlo. Asegúrese de mantener registros escritos del monto adeudado y su pago. A veces, estas deudas antiguas se venden a varias agencias de cobro y, si recibe otra llamada sobre esta deuda, desea tener una prueba de que la ha pagado.

Liquidar la deuda

Si sabe que tiene la deuda y quiere tratar de saldar, pero no puede pagar el monto total (o si la deuda ha sido inflada por tarifas), puede negociar para liquidarla por menos del total monto adeudado. Sin embargo, esto es complicado, porque una vez que comience a negociar, podría restablecer el estatuto de limitaciones y podría terminar siendo demandado por toda la deuda. Si realmente quiere seguir esta ruta, su mejor opción es hablar con un abogado.

Envíale una carta al coleccionista diciéndole que te deje en paz. Tiene derecho a pedirle a un cobrador de deudas que deje de contactarlo. Una vez que haga eso, solo se les permite contactarlo para decirle si están tomando medidas legales contra usted. Si sabe que la deuda está fuera del plazo de prescripción, indíquelo en su carta y dígales que no se comuniquen con usted nuevamente. No se sorprenda si le venden la deuda a otra persona, pero no deberían molestarlo nuevamente.

¿Cuánto tiempo afectan las colecciones a mi crédito?

No confunda el estatuto de limitaciones con la cantidad de tiempo que las cuentas de cobro pueden aparecer en los informes de crédito. Son dos cuestiones separadas.

El período de tiempo que las cuentas de cobro pueden permanecer en los informes de crédito es de siete años y 180 días a partir de la fecha en que el consumidor se atrasa por primera vez en la cuenta original. Este requisito se encuentra en la Ley de Informe Justo de Crédito, una ley federal.

El CRTP (Periodo de tiempo de informe de crédito) para cobros es de hasta 7.5 años a partir de la DoFD (Fecha de la primera mora) en la cuenta OC (Acreedor original) que condujo al cobro. La DoFD es la primera fecha en que alguien se atrasa en los pagos y nunca más queda atrapado.

Incluso si una de estas facturas permanece impaga, no se puede informar después de que se hayan completado 7.5 años. La fecha en que se colocó una cuenta para colecciones es irrelevante aquí, así que no dejes que eso te confunda.

El único escenario en el que una cuenta de cobro anterior puede afectar su crédito es si lo demandan y el cobrador obtiene un fallo en su contra. Esa nueva sentencia tendría su propio período de informe de 7 años. Puede obtener sus informes de crédito anuales gratuitos para ver si enfrenta un juicio. También puede ver el impacto que tiene el juicio en sus puntajes de crédito de forma gratuita en Credit.com.

Si tiene un cobrador de deudas que intenta cobrarle una deuda que considera demasiado antigua para que la pueda cobrar legalmente, es importante averiguar el estatuto de limitaciones en su estado. Si resulta que la deuda no tiene un límite de tiempo, pagarla o saldarla puede protegerlo de ser demandado. Pero si es demasiado viejo, puede optar por pagarlo o enviar a la agencia de cobros una carta de cese de contacto.

¿Cómo ven los modelos de calificación crediticia los cobros pagados?

El último modelo de puntaje FICO 9 trata las colecciones de manera diferente a los modelos FICO anteriores, ya que ignorará las colecciones pagas en el cálculo de la puntuación (y las colecciones médicas no pagadas tendrán un menor impacto en la puntuación que los modelos anteriores). Vantage Score 3.0 también ignora las colecciones con un saldo cero. Entonces, la buena noticia es que pagar una cuenta de cobro aumentará su puntaje de crédito con estos dos nuevos modelos de puntaje. La mala noticia es que la mayoría de los prestamistas y acreedores no están utilizando estos nuevos modelos de puntaje, con modelos FICO más antiguos actualmente en vigencia, a pesar de que el uso de VantageScore continúa creciendo.

Una cosa para recordar con los cobros pagados es que cuanto más en el pasado se vuelva, más aumentará su puntaje en el futuro, poco a poco, si se siguen todos los factores crediticios positivos, como los pagos a tiempo y el bajo uso de la deuda.

Si bien los modelos más nuevos de calificación crediticia pueden ignorar los cobros pagados, estas cuentas aún aparecen en su archivo de crédito con las tres principales agencias de crédito. *¿O lo hacen?*

Cómo ven las agencias de cobros las cobranzas

Todo el propósito de las agencias de cobranzas que informan una deuda impaga a la agencia de crédito es alentarlo a pagar su deuda o sufrir esta mancha dañina en su informe de crédito. Pero una vez que una deuda ya se informa al buró de crédito, no hay muchos incentivos para que pague.

Para las agencias de cobranzas, lograron su objetivo si lograron que usted pagara la deuda en su totalidad o incluso con un acuerdo de que la deuda se paga por menos del saldo total. Junto con los modelos más recientes de calificación crediticia, algunas agencias de cobranzas no ven la necesidad de continuar reportando una deuda que se pagó. De hecho, dejar de informar o eliminarlo de su informe de crédito por completo podría ser un incentivo para que pague. De acuerdo con la Ley de Informe Justo de Crédito, estos acreedores están obligados a informar las cuentas con precisión, lo que no dice nada acerca de no informar las cuentas en absoluto.

La mayoría de las cuentas de cobros, incluso cuando se pagan, permanecerán en su informe de crédito durante los 7 años completos, con un estado marcado como "pagado". La única vez que un acreedor o agencia de cobros está obligada a dejar de informar su cuenta de cobros y que se elimine de sus informes de crédito es si hubo un error en el informe de la deuda. Puede disputar errores en sus informes de crédito para eliminarlos. Sin embargo, tenga en cuenta que si el error fue menor y administrativo y usted realmente debe la deuda, puede aparecer nuevamente al mes siguiente, esta vez se informó con precisión. Si aún debe la deuda, las agencias de cobranza deben informarla.

Pero algunas agencias de cobro recientemente han sido más susceptibles de aconsejar a la agencia de crédito que elimine su cuenta de cobro por completo después de recibir el pago total de una deuda o de que haya llegado a un acuerdo con ellos para satisfacer la deuda por menos del saldo total adeudado. Algunos dicen que no informarán deudas en absoluto si se satisfacen dentro de un período de tiempo corto especificado.

Algunas de sus amenazas no tienen dientes

Si no puede pagarle al cobrador el monto que está exigiendo o si se niega a dar su número de cuenta bancaria o tarjeta de débito para realizar el pago, el cobrador de deudas puede amenazarlo con "abatirlo por 'rechazo de pago'". Pero esa es "una frase sin sentido en el mundo del cobro de deudas".

Cuando un cobrador dice: "¡Le informaremos a su acreedor que se niega a pagar esta factura!" solo están usando psicología inversa. ¡Su acreedor ya ha descubierto que usted no está pagando la factura, o en primer lugar no habrían enviado su cuenta a una agencia de cobranza!

Otro ejemplo: Los coleccionistas siempre tratarán de crear un falso sentido de urgencia imponiendo una serie de fechas límite, después de las cuales "este acuerdo ya no estará disponible". La realidad es que las ofertas de liquidación o entrenamiento tienden a mejorar en el transcurso de una asignación de cobranza típica de 3 meses (es decir, en un escenario de cobranza no legal).

Deben dejar de molestarle en el trabajo si se los dice. La Ley de prácticas justas de cobro de deudas es muy clara en este punto. Una vez que le dice a un cobrador de deudas que su empleador no le permite hablar mientras está en el trabajo, deben dejar de llamar a su lugar de trabajo.

No pueden discutir sus deudas con nadie más

Los cobradores de deudas generalmente solo pueden discutir su deuda con usted, un cosignatario, su cónyuge o su abogado. No pueden discutir su deuda con vecinos, parientes que no están obligados a pagar la deuda o compañeros de trabajo.

¿Qué es un registro público?

Los registros públicos son información relacionada con asuntos legales que tienen un impacto directo en sus finanzas. Enumeran cosas como deudas pagadas y no pagadas, responsabilidades legales y su historial de pagos.

Le dicen a un acreedor si usted es un buen riesgo para un préstamo. Cuando lo llevan a un tribunal de reclamos menores y un juez toma una decisión en su contra, este fallo se considera un registro público.

Las ejecuciones hipotecarias, quiebras, gravámenes, juicios y demandas son todos registros públicos que el gobierno debe presentar y mantener a disposición del público. La mayoría de los registros permanecen en su informe de crédito durante 7 años; sin embargo, algunos pueden permanecer hasta 10 años.

¿Qué tipo de información se incluye en un registro público?

Si se declara en quiebra, se enumerará el monto que el tribunal consideró legalmente responsable de pagar, más un monto exento que el tribunal dice que usted no es responsable de pagar.

Por último, habrá un monto de activos por la cantidad de bienes personales que el tribunal usó para tomar su decisión. Todos estos se enumerarán en la quiebra y son el tipo de registros públicos que pueden reducir significativamente su calificación crediticia y afectar su poder de endeudamiento.

Algunos otros elementos que puede encontrar en un registro público son asesoramiento financiero, un estado financiero, embargos y reclamaciones conyugales financieras de un divorcio. Sin embargo, todas estas cosas afectan sus ingresos y, por lo tanto, su crédito.

¿Qué información no forma parte de su registro público?

Puede sentir que toda su vida está en exhibición, pero eso no es del todo cierto. Existen algunas categorías de registros estrictamente confidenciales que están protegidos por ley. Los registros confidenciales incluyen beneficios de asistencia social, impuesto sobre la renta, su nivel educativo y registros médicos y penales.

Estos registros se mantienen confidenciales porque contienen números de Seguro Social, su información de contacto, historial médico y su información financiera.

¿Cómo se hacen públicos los registros públicos?

El gobierno toma muy en serio poner a disposición del público los registros públicos. Ejecuta un servicio llamado PACER que es proporcionado por el poder judicial federal. PACER es la abreviatura de Acceso público a los registros electrónicos de la corte.

PACER es un servicio de acceso público electrónico, y permite a los usuarios obtener información sobre casos y expedientes de tribunales federales de apelaciones, distritos y quiebras a través de Internet.

El sitio web federal de PACER dice que actualmente alberga más de 500 millones de documentos de archivos de casos. Estos están disponibles inmediatamente después de haber sido archivados electrónicamente.

Sin embargo, esta es solo una de las formas en que sus registros se hacen públicos. También permite que su información sea reportada a las tres agencias de informes de crédito.

¿Los registros públicos afectan su puntaje de crédito?

Los registros públicos en su informe de crédito tienen un impacto en su puntaje de crédito. Pueden ser un factor decisivo cuando un prestamista toma una decisión financiera.

El proceso de eliminar las imperfecciones puede ser un trabajo lento o frustrante, pero es imperativo que elimine estos elementos. Puede optar por contratar a un profesional, recuerde que su tiempo es importante. Siempre es mejor si la parte de registros públicos de su informe de crédito está vacía.

Los efectos de los pagos atrasados

Los prestamistas consideran el historial de pagos cuando evalúan su riesgo de crédito y deciden si lo aprueban o no. Una larga historia de pagos a tiempo sugiere que usted es un prestatario responsable y confiable; Un mal historial de pagos a tiempo sugiere que es posible que usted no reembolse las deudas y podría ocasionarle una pérdida costosa al prestamista.

No ser confiable con los pagos es una señal de alerta para las instituciones financieras, y pueden ocurrir varias cosas cuando paga tarde.

Por lo general, se le cobrará una tarifa por retraso. Si paga la factura de su tarjeta de crédito un solo día después de la fecha de vencimiento, se le podría cobrar un cargo por atraso de $ 25 a $ 35, que se reflejará en su próximo estado de cuenta. Si continúa perdiendo la fecha de vencimiento, puede incurrir en cargos por demora adicionales.

Sus tasas de interés pueden aumentar. Pagar a sus acreedores tarde puede resultar en un aumento en su tasa de interés, a menudo restableciendo su tasa de interés a una APR de multa (o incumplimiento). Para las tarjetas de crédito, la APR de penalización suele ser tan alta como 29.99 por ciento, lo que significa que pagará significativamente más intereses sobre su saldo pendiente si se activa. Si tiene un APR promocional del 0 por ciento en una tarjeta de crédito de transferencia de saldo, pagar tarde también puede perder su tasa promocional del 0 por ciento y restablecerla a la tasa de interés predeterminada.

Puede terminar en su informe de crédito. Si su pago se retrasa más de 30 días, generalmente se notifica a las tres principales agencias de crédito, lo que significa que el pago atrasado aparecerá en su informe de crédito. Un retraso en el pago de su informe de crédito podría permanecer allí durante siete años.

Podría disminuir su puntaje de crédito. La información del historial de pagos generalmente representa casi el 35 por ciento de su puntaje de crédito, lo que lo convierte en uno de los factores más importantes para calcular su puntaje. Un solo pago atrasado puede reducir drásticamente su puntaje de crédito, especialmente si tiene un puntaje de crédito bueno o excelente. Según la demora en el pago, la frecuencia con la que paga tarde y cuál es su puntaje de crédito, los pagos atrasados pueden afectar gravemente su crédito.

Pagar tarde es un hábito de crédito peligroso que podría conducir a acciones crediticias más dañinas, como descuidar una cuenta hasta que se convierta en morosa o se envíe a cobros. Una cuenta en cobros puede permanecer en su informe de crédito durante siete años y causar aún más daños que un pago atrasado.

Qué hacer si ha realizado un pago atrasado

Si sus facturas están vencidas, cuanto antes pueda pagarlas, mejor. El efecto perjudicial de un retraso en el pago de su puntaje de crédito puede aumentar cuanto más se demore la morosidad.

Si ha realizado un pago atrasado recientemente, podría intentar hacer lo siguiente:

Solicitar la eliminación de un cargo por pago atrasado. Si de otro modo tiene buena reputación con su banco, considere ponerse en contacto con ellos y solicitar que se le perdone y elimine el cargo por atraso.

Trabaje para restablecer su tasa de interés de penalización. Si un pago atrasado hizo que su tasa de interés aumentara, generalmente se requiere que su emisor restablezca su tasa de interés a la tasa anterior a la multa si realiza seis meses de pagos a tiempo, así que vuelva a la normalidad y comience a hacer a tiempo pagos

Pague todas las cuentas a tiempo. Si un pago atrasado redujo su puntaje de crédito, lo mejor que puede hacer es continuar con los pagos a tiempo en todas sus cuentas. Después de unos meses de pagos puntuales constantes, su puntaje de crédito podría mejorar lentamente. Una manera fácil de evitar pagos atrasados es configurar pagos automáticos y recordatorios por correo electrónico o mensaje de texto en sus cuentas financieras.

Finalmente, realice un seguimiento de su estado crediticio general verificando sus informes de crédito gratuitos en Credit Karma. Desglosan los factores que pueden afectar su puntaje, para que pueda controlar su historial de pagos y otras áreas importantes. Pagar a tiempo todos los meses podría ayudarlo a construir un buen historial crediticio y mejorar su puntaje crediticio con el tiempo.

Capítulo Nueve:
Informe de crédito en entornos minoritarios

Ya sea que queramos admitir la realidad, nuestro puntaje de crédito tiene un peso tremendo en la sociedad. Un puntaje de crédito alto hace que sea más fácil obtener préstamos para eventos importantes de la vida, como comprar su primera casa, comprar un auto nuevo o incluso comenzar su propia pequeña empresa. Sin embargo, los datos del FBI han demostrado que las minorías tienden a tener puntajes de crédito mucho más bajos que sus contrapartes mayoritarias, lo que dificulta que los estadounidenses no blancos tengan acceso a las instituciones financieras y los recursos necesarios para avanzar en la vida moderna. Por esta razón, algunos podrían argumentar que los puntajes de crédito son racistas.

¿Son racistas los puntajes de crédito? ¿Puede una agencia de crédito discriminar en función de la raza cuando se trata de puntajes de crédito asignados? Descubrámoslo.

Cómo los informes de crédito reflejan las disparidades raciales

Es ilegal que las agencias de crédito tengan en cuenta la raza de alguien al preparar su informe de crédito. Del mismo modo, la Ley de Igualdad de Oportunidades de Crédito evita que los prestamistas nieguen un préstamo o cobren tasas de interés injustas en función de la raza del prestatario.

Sin embargo, esto no significa que los puntajes de crédito no reflejen profundas divisiones económicas entre personas de diferentes razas y antecedentes. Una encuesta encontró que el 62 por ciento de los hogares blancos endeudados tienen puntajes de crédito "excelentes" o "buenos". Compare esto con el 44 por ciento de los hogares afroamericanos que también tenían deudas.

Si bien la ley impide que las agencias de crédito utilicen la raza para determinar la calificación crediticia, hay algunos factores que se correlacionan con la raza y que afectan indirectamente la calificación crediticia de una persona. Entre ellas se encuentran:

Ingresos- La cantidad de dinero que gana contribuye en gran medida a determinar su puntaje de crédito. Tener un ingreso más alto le da más poder para pagar cualquier préstamo y pagar el saldo de su tarjeta de crédito cada mes. Históricamente, las minorías han sido (y siguen siendo) mal pagadas en los Estados Unidos, lo que lleva a grandes diferencias en los ingresos entre los estadounidenses blancos y no blancos.

Historial de crédito familiar- Aunque los padres no pueden influir directamente en los puntajes de crédito de sus hijos con su propio historial de crédito, tener un historial de crédito sólido en la familia puede mejorar el puntaje de crédito de una persona. Los padres que tienen buen crédito propio tienen más probabilidades de enseñar buenos hábitos de crédito a sus hijos. Los padres que tenían a sus hijos como usuarios autorizados también pueden brindarles a sus hijos experiencia en el mundo real con crédito antes de que abandonen el nido. Décadas de discriminación financiera contra las minorías han dificultado que estas familias desarrollen buenos hábitos de crédito a lo largo de las generaciones.

Ubicación- La ubicación se correlaciona con el puntaje de crédito, por lo que los vecindarios pobres a menudo tienen puntajes de crédito mucho más bajos que sus homólogos ricos. Dado que las poblaciones minoritarias a menudo se agrupan en vecindarios de bajos ingresos, estas áreas tienen puntajes de crédito más bajos en promedio.

Aunque la raza no puede ser factorizada directamente en el puntaje de crédito de una persona, las diferencias de crédito que existen a través de las líneas raciales reflejan profundas divisiones económicas entre personas de diferentes razas y sus historias de trabajo y vida en Estados Unidos.

Cómo la calificación crediticia refuerza la desigualdad racial

Los puntajes de crédito no solo reflejan las desigualdades raciales en lo que respecta al poder financiero, sino que también refuerzan esas mismas divisiones. Así es como los puntajes de crédito perpetúan estas divisiones raciales.

Un puntaje de crédito bajo hace que sea más difícil obtener préstamos personales. Los préstamos personales desempeñan un papel importante en la economía actual, donde las grandes compras como una casa nueva o un automóvil son imposibles de hacer para casi cualquier persona con el efectivo en su cuenta bancaria.

Cuando se trata de préstamos privados para estudiantes, tener padres con un buen puntaje de crédito puede ser crucial. Dado que muchos estudiantes aún no han desarrollado su historial crediticio, los prestamistas privados querrán la tranquilidad de contar con un firmante de padres. Sin embargo, si sus padres no tienen un buen puntaje de crédito, no podrá obtener un trato tan bueno con los préstamos privados para estudiantes.

Comenzar una pequeña empresa generalmente requiere préstamos, ya que ninguna persona tiene el dinero para cubrir los costos de abrir y operar una empresa. Sin embargo, antes de que se establezca su puntaje de crédito comercial, los prestamistas querrán ver su puntaje de crédito personal. Esto puede dificultar que las minorías inicien sus propios negocios, incluso si ese negocio les ayudaría a salir adelante económicamente.

Los prestamistas abusivos tienden a congregarse en vecindarios con una alta población minoritaria. Estos prestamistas aprovecharán la necesidad de efectivo de emergencia de un área al ofrecer cosas como préstamos de día de pago y préstamos sobre títulos de automóviles. Estos préstamos vendrán con tasas de interés y tarifas excesivamente altas, lo que hace imposible que los prestatarios los paguen. Convertirse en víctima de prestamistas abusivos solo hará que la calificación crediticia de una persona baje aún más.

Las agencias de crédito tienen prohibido discriminar por motivos de raza, pero eso no significa que los puntajes de crédito no sean racistas. Hoy, los puntajes de crédito reflejan diferencias raciales en el estado económico. Sin embargo, aún más, contribuyen a profundizar esas divisiones al dificultar el acceso de las minorías a los recursos financieros necesarios para mejorar su posición económica, y al atraer a prestamistas abusivos que solo empeoran la situación.

Capítulo Diez:
Arreglando su crédito

Los errores en los informes de crédito pueden conducir a la descalificación de hipotecas y préstamos para automóviles, así como a un aumento de las primas de seguros y las tasas de interés. En algunos casos, esos errores pueden incluso evitar que consiga un trabajo.

Algunos consumidores han comenzado a reclutar firmas de abogados para disputar artículos negativos en sus informes de crédito ... ¡y han tenido un gran éxito! Pero no es necesario. El enfoque hágalos usted mismo está disponible. El 79% de los consumidores que disputaron errores en los informes de crédito lograron eliminarlos.

¿Se pregunta qué puede hacer para corregir su puntaje de crédito, o si es posible hacerlo? Si esto le describe a usted y a su situación, entonces no está solo. Los datos de 2015 de VantageScore 3.0 de Experian encontraron que cerca de un tercio de los estadounidenses tienen un puntaje de crédito inferior a 601, y la buena noticia es que hay formas de solucionarlo.

La creación de un buen crédito no sucederá de la noche a la mañana porque crear y mantener un historial crediticio sólido lleva tiempo. También deberá aceptar el hecho de que tomará un poco de trabajo duro y paciencia para reparar su crédito.

Los pasos para arreglar su crédito y puntajes de crédito incluyen tener una buena idea de sus finanzas. Los revisará con un peine de dientes finos mientras busca errores y señala áreas problemáticas, como gastos excesivos, que debe abordar.

Para arreglar su puntaje de crédito:

Conozca su puntaje de crédito y los saldos de sus tarjetas de crédito u otras cuentas de crédito.

Descubra qué cuentas rotativas tienen la mayor utilización de crédito (la cantidad de crédito utilizada versus el límite de crédito).

Preste especial atención a reducir la utilización de estas cuentas y concéntrese en devolverlas a buen estado para mejorar su crédito.

Mantenga cuentas de crédito saludables y comience a construir un historial crediticio positivo que lo ayudará a alcanzar sus metas personales. Encuentra y comienza a arreglar cualquier elemento negativo.

Tenga en cuenta que la edad crediticia también es un factor en su puntaje crediticio, así que evite cerrar demasiadas cuentas. Esto puede dañar sus esfuerzos para arreglar su puntaje de crédito.

No será fácil, y ciertamente no es tan divertido como ir de compras, pero el alivio que sentirá al poder obtener un nuevo crédito cuando lo necesite valdrá la pena el esfuerzo y el tiempo que tomó reconstruir su crédito.

Primer paso: verifique su crédito

Lo primero que debe hacer es obtener sus informes de crédito y puntajes de crédito de cada una de las agencias de crédito para que pueda evaluar dónde se encuentra y determinar qué partes de su puntaje necesitan trabajar.

Puede obtener copias gratuitas de sus informes de crédito de las tres oficinas de crédito principales: Experian, Equifax y TransUnion, una vez al año según la Ley de Informes de Crédito Justos.

Recomiendo los siguientes sitios:

Identity Guard - "Un poderoso sistema de alerta temprana. Sus capacidades de inteligencia artificial de última generación recorren continuamente miles de millones de puntos de datos para descubrir vulnerabilidades y alertarlo cuando su identidad puede estar en riesgo. Piense en ello como un "radar" que siempre protege su identidad ".

El robo de identidad afecta a 16,7 millones de estadounidenses a menudo con consecuencias devastadoras: pérdida de ahorros, ser acusados de un delito que no cometieron, incluso ser responsables de reclamos médicos fraudulentos.

Freecreditscore.com - "Recursos crediticios. Ya sea que esté buscando obtener más información sobre el crédito o simplemente tratando de asegurar una mejor tasa en tarjetas de crédito o préstamos, freecreditscore.com tiene los recursos para ayudarlo a encontrar lo que está buscando ".

NextAdvisor.com - "Monitoreo de crédito. Sus informes de crédito y puntajes de crédito determinan si puede obtener un préstamo hipotecario, un departamento, una tarjeta de crédito, un teléfono celular y mucho más. Sin embargo, la mayoría de las personas ni siquiera conocen sus puntajes de crédito, o que tienen más de un informe de crédito. Puede obtener sus puntajes de crédito y ver sus informes de crédito probando cualquier servicio de monitoreo de crédito de primer nivel, muchos de los cuales ofrecen pruebas gratuitas o garantías de devolución de dinero. Además, estos servicios le dan explicaciones de qué acciones están ayudando o perjudicando sus puntajes y qué puede hacer para mejorarlos. También monitorearán sus informes de crédito y puntajes diariamente por cualquier cambio y le enviarán una alerta por correo electrónico o mensaje de texto cuando ocurra un cambio".

Debe obtener sus informes de crédito de cada una de las principales agencias de informes de crédito, ya que cada una puede contener datos diferentes que podrían afectar sus puntajes. Raramente sabrá de antemano qué informe está siendo extraído por un prestamista, por lo que es importante asegurarse de que sean precisos y que haya abordado cualquier problema

¿Qué veré en estos informes?

Verá detalles básicos sobre usted: su nombre, fecha de nacimiento, dirección, etc. Es importante revisarlos para asegurarse de que sean precisos. Nota: Las direcciones pasadas también pueden aparecer en la lista, lo cual está bien.

También verá cualquier problema legal financiero que pueda tener, como una bancarrota, gravamen, juicio o embargo de salario. Si uno de estos está bajando sus puntajes de crédito, consuélese sabiendo que estos elementos negativos finalmente desaparecerán.

Más allá de eso está la información del acreedor, que constituye la mayoría de sus informes. Esto incluye diferentes cuentas que tiene (préstamos, tarjetas de crédito, etc.), su estado (abierto / cerrado, en cobranzas), saldos, límites de crédito y detalles de pago. Esto también puede incluir fechas de pagos atrasados o pagos atrasados, o cuando las cuentas se enviaron a cobros. A partir de estos detalles, se formarán sus puntajes de crédito.

Los puntajes de crédito se dividen en cinco categorías principales:

➤ **Historial de pagos** (35% de sus puntajes): su historial de pago de deudas de cuenta

➤ **Utilización de crédito** (30%) - Cuánta deuda tiene en relación con su límite de crédito

➤ **Duración del historial de crédito** (15%) - Cuánto tiempo ha tenido cuentas de crédito activas

➤ **Tipos de crédito** (10%) - Su variedad de cuentas

> ➢ **Consultas de crédito** (10%) - Número de consultas en su perfil de crédito

Ahora que comprende lo que cubren estos informes y cómo se calculan sus puntajes de crédito, puede comenzar a abordar sus problemas.

No puede arreglar el mal crédito en 30 días

Lo entiendo, has encontrado problemas. Ya sea que se trate de errores o áreas en las que deba enfocarse, es posible que desee obtener resultados rápidamente. Sin embargo, estas revisiones no pueden ocurrir de la noche a la mañana. Por ejemplo, no puede alargar su historial de crédito de inmediato.

Es posible que pueda corregir su utilización de crédito: la cantidad de deuda que tiene en relación con sus límites de crédito y el segundo factor más importante para calcular sus puntajes de crédito.

Es mejor mantener su utilización de crédito por debajo del 30% (idealmente el 10%) para mostrarles a los acreedores que puede administrar su crédito disponible de manera responsable sin agotar sus tarjetas de crédito.

Si superó esa marca del 30%, puede deshacer rápidamente cualquier pequeña caída que haya notado en sus puntajes de crédito al pagar esos saldos y recuperar su porcentaje a menos del 30% de utilización.

Aun así, esa es una excepción a la regla. Algunos errores de crédito pueden afectar su puntaje durante años. Es difícil de escuchar, especialmente si realmente contaba con la aprobación de la hipoteca para financiar la casa de sus sueños.

Verificar su crédito regularmente es importante. Si detecta un error y puede solucionarlo antes de presentar la solicitud, puede evitar la carta de un "prestamista John Querido".

¿Cuánto tiempo lleva reparar mi crédito?

Si tiene información negativa precisa en sus informes de crédito, puede demorar un tiempo hasta que desaparezca. Este es el tiempo que permanecen las marcas negativas en su informe de crédito:

➢ **Pagos atrasados:** 7 años a partir de la fecha de pago atrasado
➢ **Ejecuciones Hipotecarias:** 7 años
➢ **Cuentas de cobro:** 7 años y 180 días a partir de la fecha de morosidad de la deuda original
➢ **Ventas cortas:** 7 años

- ➢ **Quiebras:** 10 años a partir de la fecha de presentación; 7 años para los casos del Capítulo 13
- ➢ **Reposesiones:** 7 años
- ➢ **Fallos:** Si el fallo ha sido pagado, 7 o potencialmente más si no se ha pagado
- ➢ **Gravámenes fiscales:** 7 años después de que se les pague
- ➢ **Cargos cancelados:** 7 años a partir de la fecha en que se canceló la deuda de la cuenta

Si tiene información negativa inexacta en sus informes de crédito, puede ver algunos cambios sustanciales en sus puntajes de crédito mientras trabaja para corregirlos. Las agencias de informes de crédito deben responder a las disputas dentro de los 30 días (algunas pueden demorar 45 días), lo cual es mucho más corto que la espera de muchos años con información despectiva precisa.

Si la agencia de informes de crédito está del lado de usted, deben eliminar el error de inmediato. En un estudio de la Comisión Federal de Comercio de 2012 sobre la precisión de los informes de crédito, el 79% de las personas que disputaron un error en sus informes de crédito pudieron eliminarlo.

Pasos para reconstruir su crédito

Recuerde, su camino hacia un mejor crédito variará significativamente dependiendo de sus problemas de puntaje de crédito. Aquí se explica cómo reconstruirlo.

Identifique a sus asesinos de puntaje crediticio

Si tiene una de esas cartas, mencionamos anteriormente que detalla sus problemas de crédito, tiene una idea de lo que lo está frenando. **Aunque parezca complejo, como mencionamos, su puntaje de crédito se basa en cinco factores principales: historial de pagos, utilización del crédito, antigüedad de las cuentas de crédito, combinación de cuentas de crédito e historial de solicitud de crédito.** No tienen la misma ponderación, y esta información probablemente variará entre las agencias de crédito.

Su **historial de pagos** es el factor más importante, representa **35%** de la mayoría de los puntajes. Es por eso que incluso un solo pago atrasado puede reducir significativamente su puntaje.

Su **utilización de crédito** es el segundo factor más importante, representa **30%** de la mayoría de los puntajes. Esto abarca la cantidad de crédito rotativo (es decir, tarjetas de crédito, líneas de crédito con garantía hipotecaria) que está utilizando en comparación con los límites de esas cuentas.

La edad **de su crédito** cuentas es otro factor clave, que representa aproximadamente **15%** de la mayoría de los puntajes de crédito. Esto se calcula observando la antigüedad de su cuenta más antigua y la antigüedad promedio de todas sus cuentas. Si esto perjudica sus puntajes, no se puede hacer mucho, excepto no cerrar las cuentas.

La combinación **de sus cuentas de crédito** , que representa el **10%** de la mayoría de los puntajes de crédito, analiza cómo maneja los diferentes tipos de crédito. Existen dos tipos principales de crédito: cuentas a plazos (es decir, hipotecas, préstamos para automóviles, préstamos estudiantiles) y cuentas rotativas (es decir, tarjetas de crédito y líneas de crédito).

Los acreedores quieren ver que puede manejar ambos tipos de crédito de manera responsable. Si solo ha tenido tarjetas de crédito en el pasado, un préstamo para automóvil o una hipoteca pueden mejorar su puntaje de crédito, pero rara vez es una idea beneficiosa sacar un préstamo solo para acumular crédito.

El último factor importante es su historial de solicitud de crédito. Esto representa el 10% de la mayoría de los puntajes de crédito y puede retrasarlo si solicitó varias cuentas de crédito recientemente. Este factor también lleva tiempo para corregirlo, pero cualquier consulta exhaustiva sobre su crédito solo reducirá ligeramente sus puntajes y, a medida que envejecen, tendrán menos impacto. Un año es generalmente cuando comienzan a dejar de dañar sus puntajes de crédito.

Ahora ya sabe lo que está perjudicando sus puntajes de crédito. Entonces ¿qué hace? Dado que una de las formas más rápidas de ver alguna mejora es corregir los errores en su informe de crédito, ese será su próximo paso.

Limpie su informe de crédito

Si tiene errores en su informe de crédito, querrá comenzar el proceso de disputa lo antes posible. La reparación de crédito es algo que puede hacer por su cuenta, o puede recurrir a la ayuda de una compañía profesional de reparación de crédito para que lo ayude a arreglar su crédito. Cualquiera que sea la opción que elija, es importante comenzar de inmediato.

Como explicamos anteriormente, las agencias de informes de crédito tienen 30 días para responder (con algunas excepciones). Puede leer más sobre cómo comenzar el proceso de disputa de crédito aquí.

Por ahora, aquí hay algunos consejos rápidos para determinar cuántas cartas de reparación de crédito necesitará escribir o presentar en línea:

Debe disputar cada error con cada agencia de crédito. El hecho de que el mismo error aparezca en los tres informes de crédito no significa que disputarlo con una de las oficinas arregle los demás.

No es raro encontrar múltiples errores en su informe de crédito, y deberá disputar cada cuenta por separado. Sin embargo, si ve múltiples errores en la misma cuenta, puede agrupar todos esos errores en una disputa.

Puede disputar los errores del informe de crédito sin la ayuda de ningún experto, pero para algunas personas, el proceso es demasiado confuso y solo quieren presionar el botón "fácil". Puede contratar a una empresa de reparación de crédito o firma de abogados para que lo represente por una tarifa.

¡Una buena compañía de reparación de crédito nunca promete un "salto de 300 puntos en sus puntajes!" - De hecho, eso es ilegal. Serán francos sobre lo que pueden hacer y recibirán el pago después de que hayan entregado.

Para obtener más ayuda, considere este ejemplo de carta de reparación de crédito.

Aquí hay una carta de muestra que puede usar para escribir sus disputas:

Ejemplo uno:

Jane Q. Consumidor

123 Main Street

Mainstreet, EE. UU. 12345

SSN: xxx-xx-1234

30 de enero de 2016

Ref #: 000-111-2222

A quien corresponda:

He enumerado las consultas no autorizadas y las cuentas fraudulentas a continuación, así que elimine las siguientes consultas y cuentas fraudulentas de mi informe de crédito.

Bajo FDCPA Sección 809 (b), no se le permite realizar actividades de cobro hasta que se valide la deuda. Por lo tanto, TransUnion, Experian o Equifax deben conocer la ley. y según la Ley de Informes de Crédito Justos, Sección § 611 (a) (5), y sabe que tiene 30 días para investigar disputas.

Por lo tanto, prefiero no litigar hasta darle tiempo para corregir el error, usaré los tribunales según sea necesario para hacer cumplir mis derechos bajo la FDCPA. Según la Sección 805 (C) de la Ley de prácticas justas de cobro de deudas, tengo derecho a solicitarle que deje de contactarme.

Esta carta es una queja formal de que está informando información de crédito inexacta. Esta carta es una solicitud formal para eliminar consultas no autorizadas y cuentas fraudulentas de mi informe de crédito. He enumerado las consultas no autorizadas y las cuentas fraudulentas a continuación, por lo tanto, elimine las siguientes consultas de mi informe de crédito y, según la Sección 809 (b) de la FDCPA, no se le permite realizar actividades de cobro hasta que se valide la deuda. Por lo tanto, TransUnion, Experian o Equifax deben conocer la ley, y según la Ley de Informes de Crédito Justos, Sección § 611 (a) (5), y sabe que tiene 30 días para investigar disputas.

Además, y de conformidad con la Sección 611 (5) (A) de la FCRA, se le exige que "... BORRE rápidamente toda la información que no se puede verificar". La ley es muy clara en cuanto a la responsabilidad civil y el remedio disponible para mí por "negligencia". Además, y de conformidad con la Sección 611 (5) (A) de la FCRA, se le exige que "... BORRE rápidamente toda la información que no se puede verificar". La ley es muy clara en cuanto a la responsabilidad civil y el remedio disponible para mí (Sección 616 y 617) si no cumple con la Ley Federal.

Exijo que las siguientes cuentas se verifiquen o eliminen de inmediato.

Ejemplo dos:

Jane Q. Consumidora

123 Main Street

Mainstreet, EE. UU. 12345

SSN: xxx-xx-1234

30 de enero de 2016

Ref #: 000-111-2222

A quien corresponda:

Tenga en cuenta que esta es mi SEGUNDA SOLICITUD ESCRITA. Los elementos no verificados que se enumeran a continuación permanecen en mi informe de crédito en violación de la Ley Federal. En virtud de la FCRA, se requiere que tenga una copia de la documentación original del acreedor en el archivo para verificar que esta información es mía y es correcta. En los resultados de su primera investigación, usted declaró por escrito que "verificó" que estos artículos se están "informando correctamente".

¿Quién verificó estas cuentas?

NO me ha proporcionado una copia de CUALQUIER documentación original requerida bajo la Sección 609 (a) (1) (A) y la Sección 611 (a) (1) (A) (un contrato del consumidor con mi firma en él) y bajo la Sección 611 (5) (A) de la FCRA: debe "... BORRAR de inmediato toda la información que no se puede verificar". La ley es muy clara en cuanto a la responsabilidad civil y el remedio disponible para mí (Sección 616 y 617) si no cumple con la Ley Federal. Soy un consumidor litigioso y tengo la intención plena de iniciar un litigio en este asunto para hacer cumplir mis derechos bajo la FCRA.

Exijo que las siguientes cuentas se verifiquen o eliminen de inmediato.

Ejemplo tres:

Jane Q. Consumidor

123 Main Street

Mainstreet, EE. UU. 12345

SSN: xxx-xx-1234

30 de enero de 2016

Ref #: 000-111-2222

A quien corresponda:

Tenga en cuenta que esta es mi TERCERA SOLICITUD ESCRITA y la ADVERTENCIA FINAL de que tengo la intención de entablar un litigio de acuerdo con la FCRA para hacer cumplir mis derechos y buscar alivio y recuperar todos los daños monetarios a los que tengo derecho según la Sección 616 y la Sección 617 con respecto a su continuo incumplimiento voluntario y negligente.

A pesar de dos solicitudes por escrito, los elementos no verificados que se enumeran a continuación aún permanecen en mi informe de crédito en violación de la Ley Federal. En virtud de la FCRA, se requiere que tenga una copia de la documentación original del acreedor en el archivo para verificar que esta información es mía y es correcta. En los resultados de su primera investigación, usted declaró por escrito que "verificó" que estos artículos se están "informando correctamente".

¿Quién verificó estas cuentas?

NO me ha proporcionado una copia de CUALQUIER documentación original (un contrato del consumidor con mi firma en él) como se requiere en la Sección 609 (a) (1) (A) y la Sección 611 (a) (1) (A). Además, no ha podido proporcionar el método de verificación como se requiere en la Sección 611 (a) (7).

Además, y de conformidad con la Sección 611 (5) (A) de la FCRA, se le exige que "... BORRE rápidamente toda la información que no se puede verificar". La ley es muy clara en cuanto a la responsabilidad civil y el remedio disponible para mí (Sección 616 y 617) si no cumple con la Ley Federal. Soy un consumidor litigioso y tengo la intención plena de iniciar un litigio en este asunto para hacer cumplir mis derechos bajo la FCRA.

Comience un historial de crédito positivo

Es posible que se le haya denegado un tipo de crédito, pero eso no significa que se lo excluya por completo del préstamo. Si su historial de pagos, la utilización del crédito o una combinación de cuentas están afectando sus puntajes, abrir un nuevo crédito puede ayudarlo a reconstruir el crédito más rápido.

Hay tarjetas de crédito diseñadas para ayudar llamadas tarjetas de crédito garantizadas. Estos requieren un depósito que generalmente sirve como límite de crédito. Si no paga sus facturas, la compañía de la tarjeta puede retirar el depósito. Si abre una de estas tarjetas, es importante hacer los pagos a tiempo y vigilar la utilización de su crédito.

El hecho de que tenga una tarjeta con un límite de $ 1,000 no significa que deba cobrar $ 800, eso puede obstaculizar sus esfuerzos.

Beneficios de una tarjeta de crédito asegurada para arreglar su crédito

Si usted es un individuo que tiene un historial crediticio muy pobre o carece de historial crediticio, entonces una tarjeta de crédito asegurada puede ser lo que necesita para ayudar a reparar su crédito y aumentar sus puntajes crediticios.

Dependiendo de su situación, una tarjeta de crédito asegurada puede comenzar a arreglar su crédito en tan solo seis meses. Sin embargo, puede llevar más tiempo ver una mejora notable en algunos casos. Si falta su historial de crédito y no tiene crédito, entonces una tarjeta asegurada será la mejor ruta porque no hay información negativa para comenzar.

La tarjeta de crédito asegurada es una forma de construir y establecer crédito para obtener puntajes de crédito más altos. Si descubrió que no puede obtener la aprobación para una tarjeta de crédito tradicional, aún es probable que obtenga la aprobación para una tarjeta de crédito garantizada porque hay menos riesgo para el prestamista. El emisor de la tarjeta informará a las agencias de crédito sobre su capacidad para pagar la tarjeta a tiempo y cómo administra y usa el saldo.

Además, el depósito de seguridad que utilizó para obtener la tarjeta se utiliza si no cumple con su pago. Sin embargo, este no es el caso si el saldo incumplido es mayor que el monto del depósito de seguridad. El uso del depósito de seguridad significa que incluso si usted no paga, la tarjeta se pagará porque está asegurada por sus fondos y la cuenta no terminará en cobros por falta de pago.

Aquí hay algunos otros consejos rápidos a tener en cuenta al corregir su crédito:

Pague los saldos de las tarjetas de crédito y no realice nuevas compras. De hecho, es posible que desee poner su plástico en hielo.

Si le preocupa sacar una tarjeta de crédito, considere un préstamo de crédito con un banco o institución financiera.

Abstenerse de cerrar viejas cuentas de tarjetas de crédito una vez que las tenga bajo control, ya que esto puede afectar su utilización de crédito y dificultar la construcción de un historial crediticio sólido.

Cuando esté listo para comprar un nuevo crédito, como una hipoteca o un préstamo para automóvil, califique la compra durante un período de 14 a 45 días (según el modelo de calificación). La mayoría de los modelos de calificación crediticia agruparán las consultas por tipo en ese período de tiempo.

Considere pagar cuentas de cobro pendientes. Algunos modelos de calificación crediticia más recientes ignoran las colecciones pagas por completo.

Por qué debería arreglar su crédito

Hay muchas razones por las cuales un individuo debe comenzar en el camino hacia la reparación del crédito. Algunas de las razones más importantes incluyen la ventaja de ahorrar dinero en intereses y no tener que pagar depósitos de alta seguridad. También puede encontrar tasas de seguro más bajas, recibir límites de crédito más altos y detener el acoso de los cobradores de deudas.

También verá el comienzo de una nueva libertad financiera en la que no tiene que depender de los cofirmantes para ayudarlo a realizar compras y obtener préstamos. Se sentirá aliviado de la carga financiera del crédito inferior y se sentirá mejor con respecto a su crédito reparado.

No se encontrará cruzando los dedos la próxima vez que un prestamista retire su crédito antes de intentar hacer una compra importante, como comprar una casa o un automóvil nuevos. Puede sentarse allí seguro de que tiene un puntaje alto y no tendrá que esperar ansiosamente el rechazo del prestamista debido al mal crédito o la falta de crédito.

Capítulo Once:
Disputar un error

Cómo Disputar los Errores del Informe de Crédito

¿Encontró un error en su informe de crédito? No se asuste. La ley federal le permite disputar los errores del informe de crédito con la agencia de crédito en cuestión y, lo más probable es que haya una sección de "cómo hacerlo" en el informe que contiene el error. De lo contrario, puede visitar el sitio web de la agencia de crédito para comenzar el proceso. Las principales agencias de informes de crédito, Equifax, Experian y TransUnion, le permiten disputar un error en línea. Incluso debería poder cargar documentación de respaldo cuando presente a través de su portal de disputas. (Nota: También puede enviar a las oficinas una carta escrita. Una vez que disputa formalmente una línea de pedido, la agencia de crédito tendrá 30 a 45 días para investigar. Si determinan que la información es, de hecho, un error, o no pueden verificarla en absoluto, tendrá que eliminarse. Por supuesto, no todas las disputas de informes de crédito se realizan sin problemas. Aquí encontrará todo lo que necesita saber para obtener información inexacta de su archivo de crédito.

¿Qué tan comunes son los errores de informe de crédito?

Lo creas o no, encontrar un error en tu informe de crédito no es una experiencia poco común. De hecho, un estudio de 2012 de la Comisión Federal de Comercio (Federal Trade Commission, n.d.) encontró que uno de cada cinco estadounidenses tenía un error en sus informes de crédito. Si bien algunos de esos errores son inocuos, un nombre mal escrito, tal vez, o una dirección antigua, otros pueden matar su puntaje de crédito, lo que podría costarle decenas de miles de dólares durante su vida en tasas de interés más altas, depósitos por adelantado y mayores primas de seguro.

Afortunadamente para los consumidores, la ley está de su lado. Las agencias de crédito tienen la responsabilidad de proporcionar información precisa sobre los consumidores y están obligados a tener un proceso de disputa para que los consumidores puedan arreglar sus informes de crédito. Según la Ley de Informes de Crédito Justos, que la FTC hace cumplir, si disputa un artículo en su informe de crédito y la agencia de informes de crédito no puede verificar la precisión del artículo o si se demuestra que el artículo es incorrecto, el artículo debe ser eliminado de su informe de crédito 30 días después de que la oficina haya recibido la disputa.

Cómo se producen los errores del informe de crédito

Los errores en el informe de crédito pueden ocurrir por varias razones. El Centro Nacional de Derecho del Consumidor identificó cuatro causas comunes en un informe de 2009 sobre el tema.

Archivos mixtos. Si alguien con el mismo nombre o un nombre similar solicita crédito, una parte de su archivo puede mezclarse con la suya. Un consumidor con un nombre común como "John A. Smith", por ejemplo, podría ver su archivo mezclado con un John B. Smith o un John A. Smith, Jr.

El robo de identidad. Si alguien ha robado su número de Seguro Social, por ejemplo, podría abrir una nueva cuenta a su nombre. Esta información puede aparecer en su informe de crédito y puede ser especialmente difícil de eliminar.

Errores del proveedor. Hay tres grandes actores en lo que respecta a la precisión de los informes de crédito: oficinas de crédito, consumidores y "proveedores de datos". El último es importante: son los bancos, los prestamistas, los cobradores de deudas y las compañías de alquiler que suministran (también conocido como "suministran") los datos que aparecen en sus informes de crédito a las agencias de crédito. A menudo, un proveedor puede informar algo incorrectamente, como un pago perdido o una cuenta de cobro que realmente pertenece a otra persona.

Re-Envejecimiento de Deudas Antiguas. Ciertas deudas tienen una especie de reloj cuando se trata de su informe de crédito. Se supone que una cuenta de cobro, por ejemplo, vencerá en su informe de crédito después de siete años y 180 días a partir de la fecha en que fue morosa. Sin embargo, a veces se produce un "envejecimiento", a menudo cuando una deuda se vende a un cobrador externo y la fecha de inicio de ese reloj está turbia, lo que hace que su crédito se vea afectado mucho más de lo que debería según la ley.

Cómo saber si tiene marcas despectivas en su informe de crédito

Antes de que pueda solucionar el problema, necesita saber cuál es el problema. Puede hacerlo por su cuenta o contratar a una compañía de reparación de crédito para administrar el proceso por usted.

Puede obtener copias gratuitas de sus informes de crédito una vez al año en AnnualCreditReport.com. Asegúrese de obtener sus informes de cada una de las principales agencias de informes de crédito; de nuevo, eso es Experian, Equifax y TransUnion. Puede existir un error en un informe y no en los otros dos, y nunca se sabe qué informe de crédito se utilizará en una decisión de préstamo, por lo que es importante asegurarse de que los tres informes sean precisos.

Revise cada sección de cada uno de sus informes de crédito con un peine de dientes finos; es probable que haya mucha información allí. Si ve cuentas que no reconoce o pagos atrasados que cree que llegaron a tiempo, resáltelos. Deberá disputar cada uno de ellos por separado con la agencia de crédito que emitió ese informe. Incluso si aparece el mismo error en los tres informes de crédito, deberá presentar tres disputas separadas sobre el artículo.

No puede hacer un reclamo general de disputa por todo lo que está mal en su informe. Digamos, por ejemplo, que tiene dos cuentas de cobro que desea disputar en el mismo informe de crédito; aquí deberá presentar dos disputas separadas. Sin embargo, si las disputas son por la misma cuenta, por ejemplo, dos pagos atrasados de su hipoteca, solo necesita presentar una disputa, pero debe especificar que desea que se eliminen ambos pagos atrasados. Cuando termine la investigación de su informe de crédito, haga un balance de todas las disputas que necesita presentar. Dependiendo del número de imprecisiones en su informe de crédito, el proceso de disputa puede ser engorroso.

Siguiente: Cómo realmente eliminar los artículos de su crédito.

Pasos para eliminar elementos negativos de su crédito

Como mencionamos anteriormente, el proceso de disputa se puede hacer en línea o por correo con cada una de las agencias de informes de crédito. Ahora puede cargar documentación de respaldo a cada una de las agencias de crédito para impugnar un error, pero también puede incluir esa información en su carta de correo postal si decide hacerlo.

Si envía su disputa por correo ...

- ➤ Escribe una carta de disputa. (Explicaremos más sobre eso en la siguiente sección).
- ➤ Envíelo por correo certificado para que pueda rastrear cuándo se recibió.

> Incluya copias de cualquier documentación de respaldo. Nunca enviar originales.

Recibirá una respuesta de la oficina sobre su disputa a través del correo de los EE. UU., Posiblemente después del plazo de 30 días, dependiendo de cuánto tiempo demore la carta en llegar a su dirección.

Si envía su disputa en línea a través de uno de los portales de la oficina de crédito ...

> No necesita escribir una carta formal, pero deberá explicar cuál es el error y dónde aparece en su informe.

> Puede enviarlo instantáneamente a la oficina y verificar el progreso de su disputa en línea a través de un portal de disputas.

Las oficinas le permiten cargar documentación de respaldo, que algunas personas pueden preferir por razones de seguridad en lugar de enviar información confidencial por correo. Se le notificarán los resultados por correo electrónico.

Al presentar su disputa, asegúrese de identificar claramente cada error, articular los hechos y explicar su razón para disputar la información, como señala la Oficina de

Protección Financiera del Consumidor (CFPB) (Consumer Protection Act , 2018) en su sitio. Puede considerar adjuntar una copia de su informe de crédito con su reclamo y enviar su carta de disputa por correo certificado. Haga lo que haga, no incluya las copias originales de los documentos que utiliza para respaldar su reclamo, advierte la CFPB. Lo último que quiere es perder su evidencia.

Recuerde, cuantas más pruebas tenga, mejor será su caso. En algunos casos, puede ser difícil determinar qué tipo de evidencia se necesita. Por ejemplo, una víctima de robo de identidad puede no saber lo que debe proporcionar para demostrar que no abrió una cuenta a su nombre. Después de todo, ¡nunca se inscribieron! Si tiene razones para creer que fue víctima de robo de identidad, las señales de advertencia incluyen direcciones y cuentas misteriosas que nunca abrió.

Desafortunadamente, esta sección es donde muchas personas optan por presionar el "botón fácil" en su proceso de disputa crediticia y simplemente renunciar. Eso es comprensible, pero tiene opciones. Puede contratar una compañía de reparación de crédito para que lo represente en su nombre ante los burós de crédito por una tarifa. Una buena compañía de reparación de crédito explicará exactamente lo que puede y no puede hacer en su nombre, nunca garantizará un "aumento de 100 puntos en su puntaje de crédito" (de hecho, esto es ilegal) y nunca solicitará el pago hasta después de que usted ha recibido servicios de ellos. Las compañías de reparación de crédito pueden ser especialmente útiles si tiene muchos errores en su informe de crédito o si tiene situaciones como un problema importante de robo de identidad o un decreto de divorcio que potencialmente requieren más explicaciones y experiencia para disputar. Algunas personas simplemente no tienen tiempo para pasar por todo el proceso de disputa y prefieren que alguien se encargue de ellos.

Cómo escribir una carta de disputa efectiva

Si desea adoptar un enfoque de bricolaje para la reparación de crédito, hay algunas cosas que debe recordar al escribir una carta de disputa.

Sé claro y conciso. Una agencia de crédito está preocupada por la precisión, por lo que debe determinar exactamente qué es incorrecto (la fecha de la inexactitud, la cuenta en cuestión, el prestamista, etc.).

No cites las leyes federales. Escribir que desea iniciar una disputa es suficiente. Las agencias de crédito ya conocen estas leyes.

Incluya su dirección de devolución para que sus resultados puedan enviarse al lugar correcto.

Ley de Prácticas Justas de Cobro de Deudas (FDCPA) :

https://www.ftc.gov/enforcement/rules/rulemaking-
regulatory-reform-proceedings/fair-debt-collection-
practices-act-text

Ley de Veracidad en los Préstamos

https://www.ftc.gov/enforcement/statutes/truth-lending-act

Ley de Facturación Justa de Crédito

https://www.ftc.gov/enforcement/rules/rulemaking-
regulatory-reform-proceedings/fair-credit-billing-act

Ley de Informes de Crédito Justos (FCRA)

https://www.ftc.gov/consumer-protection/credit-reporting

https://www.federalregister.gov/documents/2011/12/21/201
1-31728/fair-credit-reporting-regulation-v

https://en.wikipedia.org/wiki/Fair_Credit_Reporting_Act#
Users_of_consumer_reports

FCRA § 605B (15 U.S.C. § 1681c-2)

Direcciones de la oficina, sitios web y números de teléfono para contactar para disputas

§ 605A. Prevención de robo de identidad; alertas de fraude y alertas de servicio activo [15 USC § 1681c-1]

Bloque de información resultante del robo de identidad [15 USC § 1681c-2]

Requisitos relacionados con la información contenida en los informes de los consumidores [15 USC § 1681c].

Estatutos de limitaciones para cada estado (en número de años)

Estado	Contratos escritos	Contratos orales	Pagarés	Cuentas abiertas (incluidas tarjetas de crédito)
Alabama	6	6	6	3
Alaska	6	6	3	3
Arizona	5	3	6	3
Arkansas	5	3	3	3
California	4	2	4	4
Colorado	6	6	6	6
Connecticut	6	3	6	3
Delaware	3	3	3	4
DC	3	3	3	3
Florida	5	4	5	4
Georgia	6	4	6	4 o 6 **
Hawái	6	6	6	6
Idaho	5	4	5	5
Illinois	10	5	10	5

Estado	Contratos escritos	Contratos orales	Pagarés	Cuentas abiertas (incluidas tarjetas de crédito)
Indiana	10	6	10	6
Iowa	10	5	5	5
Kansas	5	3	5	3
Kentucky	10	5	15	5
Luisiana	10	10	10	3
Maine	6	6	6	6
Maryland	3	3	6	3
Massachusetts	6	6	6	6
Michigan	6	6	6	6
Minnesota	6	6	6	6
Mississippi	3	3	3	3
Missouri	10	5	10	5
Montana	8	5	8	5
Nebraska	5	4	5	4

Estado	Contratos escritos	Contratos orales	Pagarés	Cuentas abiertas (incluidas tarjetas de crédito)
Nevada	6	4	3	4
Nueva Hampshire	3	3	6	3
Nueva Jersey	6	6	6	6
Nuevo México	6	4	6	4
Nueva York	6	6	6	6
Carolina del Norte	3	3	5	3
Dakota del Norte	6	6	6	6
Ohio	6	15	15	6
Oklahoma	3	5	5	3
Oregón	6	6	6	6
Pennsylvania	4	4	4	4

Estado	Contratos escritos	Contratos orales	Pagarés	Cuentas abiertas (incluidas tarjetas de crédito)
Rhode Island	10	10	10	10
Carolina del Sur	3	3	3	3
Dakota del Sur	6	6	6	6
Tennessee	6	6	6	6
Texas	4	4	4	4
Utah	6	4	6	4
Vermont	6	6	5	3
Virginia	5	3	6	3
Washington	6	3	6	3
Virginia Occidental	10	5	6	5
Wisconsin	6	6	10	6
Wyoming	10	8	10	8

Capítulo Doce:
Robo de Identidad

El robo de identidad es el uso deliberado de la identidad de otra persona, generalmente como un método para obtener una ventaja financiera u obtener crédito y otros beneficios en nombre de la otra persona, y tal vez para la desventaja o pérdida de la otra persona.

¿Qué debo hacer si creo que me han robado mi identidad?

Si se convierte en víctima de robo de identidad, o incluso sospecha que podría ser una víctima, tome medidas inmediatas. Estados Unidos Robo de identidad .

Formulario de declaración jurada
https://www.irs.gov/pub/irs-pdf/f14039.pdf

Formulario 14039 Se puede descargar de IRS.com en cualquier momento.

Póngase en contacto con uno de los departamentos de alerta de fraude de las agencias de informes de crédito y coloque una alerta de fraude en su informe de crédito. Esto evita que los ladrones de identidad abran cuentas a su nombre. Muchas compañías de tarjetas de crédito ofrecen protección contra fraudes sin costo donde usted no es responsable financieramente por los cargos realizados en su cuenta por ladrones que roban su información personal. Sin embargo, para recibir la mayor protección posible, es importante que llame a una de las agencias de informes de crédito tan pronto como sea posible, incluso si solo sospecha que su identidad ha sido robada y no está 100 por ciento seguro.

Dígale a la agencia que cree que le han robado su identidad. La agencia le pedirá que verifique su identidad con su número de Seguro Social, nombre, dirección y posiblemente otra información personal.

Una llamada lo hace todo. La agencia de informes de crédito que contactó debe comunicarse con las otras dos. Cada agencia colocará una alerta de fraude en su versión de su informe de crédito. Durante los próximos 90 días, sus acreedores y otras empresas que quieran ofrecerle crédito verán la alerta en su informe de crédito. Si alguien solicita crédito a su nombre, el prestamista apropiado se comunicará con usted para verificar su identidad y averiguar si solicitó crédito.

Póngase en contacto con sus prestamistas, bancos y compañías de seguros y hágales saber la situación. Solicite cerrar cuentas y abrir otras nuevas con nuevos números de identificación personal (NIP) y contraseñas.

Las víctimas de robo de identidad tienen derecho a un informe crediticio gratuito. Espere aproximadamente un mes antes de solicitarlo. Algunas actividades pueden tardar un tiempo en aparecer en su informe. A continuación se enumeran los cambios que debe tener en cuenta.

➢ Información personal que ha cambiado: su nombre, fecha de nacimiento, número de Seguro Social, dirección y empleador
➢ Consultas de compañías que no contactó
➢ Cuentas que no abrió
➢ Deudas en sus cuentas que no puede explicar
➢ Presente un informe policial: es una prueba del delito. Si las agencias de informes crediticios deben investigar actividades fraudulentas en su informe, necesitarán este informe policial.

Revise periódicamente sus informes de crédito durante el próximo año para asegurarse de que no haya ocurrido ninguna actividad fraudulenta nueva.

Trabaje con las agencias de informes de crédito para eliminar actividades fraudulentas de su informe de crédito.

Conozca sus derechos

"Aquí hay una descripción general de sus derechos cuando se recupera del robo de identidad. Si alguien está usando su información para abrir nuevas cuentas o hacer compras, " denúncielo y obtenga ayuda.

Si alguien roba su identidad, tiene derecho a: crear un Informe de robo de identidad de la FTC y colocar una alerta de fraude inicial de 90 días en su informe de crédito.

➢ Coloque una alerta de fraude extendida de siete años en su informe de crédito

➢ Obtenga copias gratuitas de sus informes de crédito

➢ Obtenga información fraudulenta eliminada (o "bloqueada") de su informe de crédito

➢ dispute información fraudulenta o inexacta en su informe de crédito

➢ Evite que los acreedores y los cobradores de deudas denuncien cuentas fraudulentas

➢ Obtenga copias de documentos relacionados con el robo de identidad

➢ Evite que un cobrador de deudas se comunique con usted.

Documentando el robo

"Tiene derecho a crear un Informe de robo de identidad de la FTC. Su Informe de robo de identidad de la FTC demuestra a las empresas que alguien robó su identidad y facilita la corrección de los problemas causados por el robo de identidad ". Puede crear un informe de robo de identidad de la FTC al presentando un informe ante la FTC.

Trabajando con agencias de crédito

Tiene derecho a: Coloque una alerta de fraude inicial de 90 días en su informe de crédito. La alerta de fraude le dice a los acreedores que deben tomar medidas razonables para verificar quién solicita el crédito a su nombre. Para colocar esta alerta, comuníquese con una de las tres agencias de crédito nacionales: Equifax , TransUnion o Experian . El contacto con usted debe notificar a los demás.

Cuando coloca una alerta de fraude inicial, también tiene derecho a una copia gratuita de sus informes de crédito. Recibirá una carta de confirmación de cada agencia de crédito con instrucciones sobre cómo obtener sus informes gratuitos.

Coloque una alerta de fraude extendida de siete años en su informe de crédito Para hacer esto, envíe una copia de su

Informe de robo de identidad de la FTC a cada agencia de crédito. La alerta de fraude extendida significa que los acreedores potenciales deben contactarlo antes de emitir crédito a su nombre. En su carta, asegúrese de dar la mejor manera para que un acreedor lo contacte.

Cada agencia de crédito le enviará una carta confirmando que colocaron una alerta de fraude extendida en su archivo. Esa carta también incluirá instrucciones sobre cómo obtener copias gratuitas de su informe de crédito.

Obtenga oficinas de crédito para eliminar información fraudulenta de su informe de crédito. Esto se llama bloqueo. Debe enviarles una copia de su Informe de robo de identidad de la FTC, un comprobante de su identidad y una carta que indique qué información es fraudulenta. Luego, la agencia de crédito debe decirle al acreedor relevante que alguien le robó su identidad. Los acreedores no pueden entregar las deudas fraudulentas a los cobradores de deudas.

Disputa información fraudulenta o inexacta en su informe de crédito. Haga esto escribiendo a la agencia de crédito. Deben investigar su disputa y modificar su informe si tiene razón.

En muchos estados, tiene derecho a congelar su informe de crédito. Una congelación de crédito hace que sea menos probable que un ladrón de identidad pueda abrir una nueva cuenta a su nombre.

Comunicación con acreedores y cobradores de deudas

Tiene derecho a impedir que los acreedores y los cobradores de deudas denuncien cuentas fraudulentas. Después de entregarles una copia de un Informe de robo de identidad válido de la FTC, no podrán informar cuentas fraudulentas a las compañías de informes de crédito.

Obtenga copias de documentos relacionados con el robo de su identidad, como registros de transacciones o solicitudes de nuevas cuentas. Escriba a la compañía que tiene los documentos e incluya una copia de su Informe de robo de identidad de la FTC. También puede decirle a la compañía que entregue los documentos a una agencia policial específica.

Evite que los cobradores de deudas se comuniquen con usted. En la mayoría de los casos, los cobradores de deudas deben dejar de contactarlo después de que usted les envíe una carta diciéndoles que dejen de hacerlo.

Obtenga información escrita de un cobrador de deudas sobre una deuda, incluido el nombre del acreedor y la cantidad que supuestamente debe. Si un cobrador de deudas lo contacta sobre una deuda, solicite esta información por escrito.

Límites de pérdidas financieras

Usted tiene responsabilidad limitada por deudas fraudulentas causadas por robo de identidad.

Según la mayoría de las leyes estatales, usted no es responsable de ninguna deuda incurrida en cuentas nuevas fraudulentas abiertas a su nombre sin su permiso.

Según la ley federal, el monto que debe pagar por el uso no autorizado de su tarjeta de crédito está limitado a $ 50. Si informa la pérdida a la compañía de la tarjeta de crédito antes de que un ladrón use su tarjeta de crédito, usted no es responsable de ningún cargo no autorizado.

Si pierde o le roban su cajero automático o tarjeta de débito, puede limitar su responsabilidad al informar la pérdida de inmediato a su banco o cooperativa de crédito.

Si informa que perdió su tarjeta de débito:	Su pérdida máxima es:
Antes de que se realicen cargos no autorizados.	$0
Dentro de 2 días hábiles después de enterarse de la pérdida o el robo.	$50
Más de 2 días hábiles después de enterarse de la pérdida o el robo, pero menos de 60 días calendario después de que se le envíe su estado de cuenta.	$500
Más de 60 días calendario después de que le enviemos su estado de cuenta.	Posiblemente ilimitado

Si alguien realiza débitos no autorizados en su cuenta bancaria o de la cooperativa de crédito utilizando su número de tarjeta de débito (no su tarjeta), usted no es responsable, si informa el problema dentro de los 60 días posteriores al envío de su estado de cuenta que muestra los débitos no autorizados.

La mayoría de las leyes estatales limitan su responsabilidad por los cheques fraudulentos emitidos en su cuenta bancaria o de la cooperativa de ahorro y crédito si notifica al banco o la cooperativa de crédito de inmediato.

Otros derechos federales

Según la ley de justicia para todos, usted tiene derechos adicionales cuando el ladrón de identidad es procesado penalmente en un tribunal federal. Usted tiene derecho a: protección razonable del acusado aviso razonable, preciso y oportuno sobre cualquier procedimiento judicial público, procedimiento de libertad condicional que involucre el delito, o la liberación o escape del acusado no se excluirá de ningún procedimiento judicial público a menos que el juez decida que su testimonio cambiaría significativamente si escuchara que otro testimonio se escuche razonablemente en cualquier procedimiento público en el tribunal de distrito que implique la liberación, declaración, sentencia o libertad condicional con el abogado del gobierno en el caso en el caso de una restitución completa y oportuna según lo dispuesto en la ley los procedimientos libres de demoras irrazonables se tratarán con justicia y respeto por su dignidad y privacidad.

Derechos del Estado

En muchos estados, las empresas u organizaciones que pierden o extravían ciertos tipos de información personal deben informarle si eso ha sucedido. Para obtener más información, consulte con las oficinas estatales y locales de protección al consumidor .

Kit de prevención de fraude crediticio

Detenga el fraude antes de que ocurra
Controle el daño si lo hace

Conozca su informe de crédito

Monitorear su crédito es el primer paso para prevenir el fraude. Solicite su informe de crédito al menos una vez al año e informe inmediatamente cualquier cuenta o cargo que no conozca.

Sus derechos bajo la Ley FACT

La Ley de transacciones de crédito justas y precisas (FACT) se promulgó en diciembre de 2003. Esta ley incorpora nuevas regulaciones de privacidad, protección contra robo de identidad, procedimientos de disputa y la distribución de informes anuales de crédito personal gratuitos. Esto significa que puede revisar una copia gratuita de su Informe de crédito personal cada 12 meses. Puede solicitar sus informes de crédito personales de la Ley FACT de cada una de las agencias de informes de crédito en línea en **www.annualcreditreport.com.** También puede enviar su solicitud llamando al (877) 322-8228 o por correo (ver detalles en línea).

Resguarde su identidad

Destruya tarjetas de crédito y extractos bancarios, ofertas de tarjetas de crédito y recibos de tarjetas de crédito antes de desecharlos. Lleve solo la identificación y las tarjetas de crédito que necesita ese día. Nunca lleve tarjetas de seguridad social, certificados de nacimiento o pasaportes a menos que sea necesario. No imprima su número de seguro social en su licencia de conducir.

Memorice NIPs y contraseñas

No escriba ni lleve NIP o contraseñas con usted. Elija una contraseña o NIP que sea fácil de recordar y memorícelo. Pero tenga cuidado de evitar contraseñas obvias como cumpleaños, números de teléfono o direcciones.

Cómo evitar estafas de reparación de crédito Las llamadas compañías de "reparación de crédito" no pueden hacer nada para reparar su crédito más que lo que usted podría hacer usted mismo. Todo lo que pueden hacer es disputar la información contenida en su informe y corregir las inexactitudes sin cargo. Sin embargo, a menudo utilizan prácticas engañosas o incluso litigantes . Si cree que una compañía de reparación de crédito está violando la ley, repórtelo a las autoridades estatales y a la FTC.

Proteja su información

Guarde una copia de toda la información de la cuenta, incluidos los números de cuenta, las fechas de vencimiento y los números de teléfono de los departamentos de fraude y servicio al cliente en un lugar seguro. Nunca revele números de seguro social u otra información personal por teléfono o internet a menos que sea a una fuente confiable.

Esté atento a las señales

Cuanto antes detecte el fraude crediticio, menos daño puede causar. Conozca las señales de advertencia y esté listo para actuar. Esté atento a extractos o facturas faltantes, cargos inusuales en sus cuentas, cartas entrantes que le informan que ha sido aprobado o denegado el crédito que no solicitó, o facturas y extractos que no reconoce.

Actúe rápidamente si tiene alguna razón para sospechar fraude crediticio; comuníquese con bancos, acreedores y los tres principales proveedores de información crediticia de inmediato.

Recuerde, tiene derecho a copias de su informe sin cargo si cree que ha sido víctima de robo de identidad:

Pasos para recuperarse del fraude crediticio

Paso 1: Añada alerta de fraude

Haga que TransUnion agregue una alerta de fraude inicial, extendida o de servicio activo a su archivo de crédito, aconsejando a los acreedores potenciales que se comuniquen con usted personalmente antes de aprobar cualquier solicitud hecha en su nombre. Solo necesita hacer una sola solicitud, y ellos informarán automáticamente a las otras dos agencias nacionales de informes de crédito.

Paso 2: Inspeccione sus informes de crédito

Visite www.transunion.com o llame al (800) 680-7289 para solicitar su informe. Dispute toda la información que no reconoce. Proporcione una copia de su informe policial, una declaración jurada de fraude FTC notariada u otra documentación relevante de prueba con su disputa.

Paso 3: Denuncie el fraude

Notifique a sus oficinas locales, estatales y federales de aplicación de la ley inmediatamente. Asegúrese de solicitar un número de caso y una copia del informe policial para proporcionar el Departamento de Asistencia a Víctimas de Fraude de TransUnion.

Paso 4: Entidades financieras de crédito de contacto

Notifique a sus instituciones de crédito y bancos lo antes posible. Documente el fraude para evitar la responsabilidad por deudas fraudulentas. Mantenga un registro de todas las conversaciones telefónicas, incluidos los nombres de las personas con las que habló.

Recursos del Consumidor

Departamento de Asistencia a Víctimas de Fraude (800) 580-7289

Localizador de Corte de los EE.UU.

http://www.uscourts.gov/court-locatorSitio web para el Fideicomisario de EE.UU..

Bancarrota de Estados Unidos

http://www.uscourts.gov/services-forms/bankruptcy

Protección de Identidad https://www.identityguard.com/

Puntajes de Crédito Gratis

https://www.freecreditscore.com/

Administración de Seguridad Social https://www.ssa.gov/

División de Pasaportes de los EE.UU.

https://travel.state.gov/content/travel/en/passports.html

Departamento de Vehículos Motorizados

https://www.dmvusa.com/

Fraude postal de la oficina de correos de EE. UU.

https://postalinspectors.uspis.gov/investigations/MailFraud/
MailFraud.aspx

Administración Federal de Vivienda

https://fhagovernmentloans.org/index.htm

Departamento de Educación de los Estados Unidos

https://www.ed.gov/

Préstamos para estudiantes de EE. UU.

https://studentloans.gov/myDirectLoan/index.action

ISR   https://irs.gov

Equifax
Departamento de Fraude P.O. Box 740256 Atlanta,
GA1O374(800) 525-6285
Llame al (800) 525-6285
Visite www.equifax.com

Experian
Buzón de Departamento de Fraude 2002 Allen, TX 75013
(888) 397-3742
Llame al (888) 397-3742
Visite www.experian.com

TransUnion
Departamento de Fraude Apartado Postal 2000 Chester, PA
19016 (800) 680-7289

Llame al (800) 680-7289

Visite http://www.transunion.com

Comisión Federal de Comercio https://www.ftc.gov/

Ley de Prácticas Justas de Cobro de Deudas (FDCPA):

https://www.ftc.gov/enforcement/rules/rulemaking-regulatory-reform-proceedings/fair-debt-collection-practices-act-text

Ley de Veracidad en los Préstamos

https://www.ftc.gov/enforcement/statutes/truth-lending-act

Ley de Facturación Justa de Crédito:

https://www.ftc.gov/enforcement/rules/rulemaking-regulatory-reform-proceedings/fair-credit-billing-act

Ley de Informes de Crédito Justos

https://www.ftc.gov/consumer-protection/credit-reporting

https://www.federalregister.gov/documents/2011/12/21/2011-31728/fair-credit-reporting-regulation-v

Oficinas Estatales de Protección al Consumidor-

https://www.usa.gov/state-consumer

Historia de los burós de crédito

Equifax Inc. **"es una agencia de informes de crédito al consumo. Equifax recopila y agrega información sobre más de 800 millones de consumidores individuales y más de 88 millones de empresas en todo el mundo. Fundada en 1899 y con sede en Atlanta, Georgia, es una de las tres agencias de crédito más grandes junto con Experian y TransUnion (conocidas como las "Tres Grandes"). Equifax tiene ingresos anuales de US $ 3.100 millones y más de 9,000 empleados en 14 países. Está listada en la NYSE como EFX.**

Además de ofrecer datos y servicios de crédito y demográficos a las empresas, Equifax vende servicios de monitoreo de crédito y prevención de fraude directamente a los consumidores. Al igual que todas las agencias de informes crediticios, la ley de los EE. UU. Exige que la empresa brinde a los consumidores un informe crediticio gratuito cada año.

Equifax fue fundada por Cator y Guy Woolford en Atlanta, GA, como Retail Credit Company en 1899. La compañía creció rápidamente y en 1920 tenía oficinas en todo Estados Unidos y Canadá. En la década de 1960, Retail Credit Company era una de las oficinas de crédito más grandes del país, con archivos de millones de ciudadanos estadounidenses y canadienses. A pesar de que la compañía continuó haciendo informes de crédito, la mayoría de sus negocios estaban haciendo informes a las compañías de seguros cuando la gente solicitaba nuevas pólizas de seguro, incluidos seguros de vida, automóviles, incendios y médicos. Todas las principales compañías de seguros utilizaron RCC para obtener información sobre salud, hábitos, moral, uso de vehículos y finanzas. También investigaron las reclamaciones de seguros e hicieron informes de empleo cuando las personas buscaban nuevos empleos. La mayor parte del trabajo de crédito estaba a cargo de una subsidiaria, la Agencia Comercial de Minoristas.

Las amplias existencias de información de Retail Credit Company, y su disposición a venderlas a cualquier persona, atrajeron críticas de la compañía en los años sesenta y setenta. Las quejas incluyeron que recopiló "... hechos, estadísticas, imprecisiones y rumores ... sobre prácticamente todas las fases de la vida de una persona; sus problemas matrimoniales, trabajos, historia escolar, infancia, vida sexual y actividades políticas". También se alegó que la compañía recompensaba a sus empleados por recopilar información negativa sobre los consumidores.

Como resultado, cuando la compañía se movió para informatizar sus registros, lo que conduciría a una disponibilidad mucho más amplia de la información personal que tenía, el Congreso de los Estados Unidos celebró audiencias en 1970. Esto llevó a la promulgación de la Ley de Informes de Crédito Justos en el mismo año, que otorgó a los consumidores derechos sobre la información almacenada sobre ellos en los bancos de datos corporativos. Se alega que las audiencias llevaron a Retail Credit Company a cambiar su nombre a Equifax en 1975 para mejorar su imagen.

La compañía luego se expandió a informes de crédito comercial sobre compañías en los Estados Unidos, Canadá y el Reino Unido, donde compitió con compañías como Dun & Bradstreet y Experian. El informe del seguro se eliminó gradualmente. La compañía también tenía una división que vendía información crediticia especializada a la industria de seguros, pero se separó de este servicio, incluida la base de datos de Comprehensive Loss Underwriting Exchange (CLUE) como ChoicePoint en

1997. La compañía ofrecía anteriormente servicios de certificación digital, que vendió a GeoTrust en septiembre de 2001. En el mismo año, Equifax escindió su división de servicios de pago, formando la compañía que cotiza en bolsa Certegy, que posteriormente adquirió Fidelity National Information Services en 2006. Certegy se convirtió efectivamente en una subsidiaria de Fidelity National Financial como resultado de esta fusión de adquisición inversa (para obtener más información, consulte los Servicios de información nacional de Certegy y Fidelity).

En octubre de 2010, Equifax adquirió Anakam, una compañía de software de verificación de identidad.

Equifax compró eThority, una empresa de inteligencia de negocios (BI) con sede en Charleston, Carolina del Sur, en octubre de 2011.

Equifax Workforce Solutions es uno de los 55 contratistas contratados por el Departamento de Salud y Servicios Humanos de los Estados Unidos para trabajar en el sitio web HealthCare.gov.

Durante la mayor parte de su existencia, Equifax ha operado principalmente en el sector de empresa a empresa, vendiendo informes de crédito y seguro de consumo y análisis relacionados a empresas en una variedad de industrias. Los clientes comerciales incluyen minoristas, compañías de seguros, proveedores de atención médica, servicios públicos, agencias gubernamentales, así como bancos, cooperativas de crédito, compañías financieras personales y especializadas y otras instituciones financieras. Equifax vende informes de crédito comerciales, análisis, datos demográficos y software. Los informes de crédito brindan información detallada sobre el crédito personal y el historial de pagos de las personas, indicando cómo han cumplido con las obligaciones financieras, como pagar facturas o pagar un préstamo. Los otorgantes de crédito utilizan esta información para decidir qué tipo de productos o servicios ofrecer a sus clientes y en qué términos. Equifax también proporciona informes de crédito comerciales, similares a Dun & Bradstreet, que contienen datos financieros y no financieros sobre empresas de todos los tamaños. Equifax recopila y proporciona datos a través de NCTUE, un intercambio de datos que no son de crédito, incluido el historial de pagos del consumidor en cuentas de telecomunicaciones y servicios públicos.

En 1999, Equifax comenzó a ofrecer servicios al sector de crédito al consumidor, como fraude crediticio y productos de prevención de robo de identidad. La ley requiere que

Equifax y otras agencias de monitoreo de crédito brinden a los residentes de los EE. UU. Una divulgación gratuita del archivo de crédito cada 12 meses; El sitio web Annualcreditreport.com incorpora datos de los registros de crédito Equifax de EE. UU.

En 2016, Equifax se asoció con CreditMantri, un facilitador de crédito con sede en Chennai, para ofrecer puntaje crediticio gratuito e informes de préstamos a sus clientes.

Equifax también ofrece productos de prevención de fraude basados en huellas digitales del dispositivo, como el "Dispositivo de autenticación FraudIQ". **Equifax.com**

Experian plc **"es una agencia de informes de crédito al consumo. Experian recopila y agrega información sobre más de mil millones de personas y empresas, incluidos 235 millones de consumidores individuales de EE. UU. Y más de 25 millones de empresas de EE. UU. Con sede en Dublín, Irlanda, la compañía opera en 37 países con sede en el Reino Unido, los Estados Unidos y Brasil. La compañía emplea a aproximadamente 17,000 personas y reportó ingresos para 2018 de US \$ 4.6 mil millones. Está listada en la bolsa de Londres y es constituyente del índice FTSE 100. Experian es socio del sistema de verificación de identidad del gobierno del Reino Unido y la validación de direcciones de USPS. Es una de las agencias de informes de crédito "Tres grandes", junto con TransUnion y Equifax.**

Además de sus servicios de crédito, Experian también vende análisis de decisiones y asistencia de marketing a las empresas, incluidas las huellas digitales y la orientación individual. Sus servicios al consumidor incluyen acceso en línea al historial de crédito y productos destinados a proteger contra el fraude y el robo de identidad. Al igual que todas las agencias de informes crediticios, la ley de los EE. UU. Exige que la empresa brinde a los consumidores un informe crediticio gratuito cada año.

La compañía se estableció en los Estados Unidos como TRW Information Systems and Services Inc., una subsidiaria de TRW Inc., cuando adquirió Credit Data en 1968. En noviembre de 1996, TRW vendió la unidad, como Experian, a dos firmas de capital privado de Boston: Bain Capital y Thomas H. Lee Partners. Solo un mes después, las dos empresas vendieron Experian a The Great Universal Stores Limited, un conglomerado minorista con millones de clientes que pagan por productos a crédito con sede en Manchester, Inglaterra (más tarde renombrado GUS).

The Great Universal Stores Limited empleó a John Peace, un programador de computadoras, para combinar los datos de pedidos por correo de sus diversas subsidiarias y negocios para crear una base de datos central a la que luego se agregaron datos de los registros electorales, así como las sentencias de los tribunales de condado. La base de datos de GUS se comercializó en 1980 bajo el nombre de Commercial Credit Nottingham (CCN). Entonces, cuando The Great Universal Stores Limited adquirió Experian en 1996, Experian se fusionó con CCN.

Durante los siguientes diez años, Experian amplió su gama de productos a nuevos sectores industriales más allá de los servicios financieros, y entró en nuevos mercados como

América Latina, Asia Pacífico y Europa del Este. El negocio se expandió a través del desarrollo orgánico y las adquisiciones. En octubre de 2006, Experian se separó de la compañía británica GUS y cotizó en la Bolsa de Londres.

En agosto de 2005, Experian aceptó un acuerdo con la Comisión Federal de Comercio (FTC) por los cargos de que Experian había violado un acuerdo anterior con la FTC. Las acusaciones de la FTC se referían a clientes que se inscribieron para el "informe de crédito gratuito" en el sitio Consumerinfo.com de Experian. La FTC alegó que los anuncios del "informe de crédito gratuito" no revelaban adecuadamente que Experian inscribiría automáticamente a los clientes en el programa de monitoreo de crédito de $ 79.95 de Experian.

En agosto de 2010, Experian se convirtió en el primer buró de crédito con licencia CICRA que se lanzó a la India. Desde entonces, la compañía ha proporcionado informes de crédito de Experian a prestamistas y consumidores de conformidad con las directrices del Banco de la Reserva de la India (RBI).

Experian compró una participación mayoritaria en Techlightenment el 17 de enero de 2011, como parte de la estrategia de Experian para aumentar sus capacidades de marketing digital. Techlightenment es una empresa de tecnología y marketing basada en datos con sede en el Reino Unido, que ayuda a los clientes a aprovechar la publicidad a través de plataformas clave de redes sociales. Techlightenment forma parte de la División de Servicios de Marketing Experian del Reino Unido.

En mayo de 2011, Experian adquirió una participación del 98% en Computec SA, un proveedor de información de servicios de crédito con sede en Colombia, por el equivalente de $ 380 millones de dólares.

En junio de 2011, Experian adquirió Medical Present Value, Inc. (MPV), un proveedor de datos, análisis y software en el mercado de pagos de atención médica de los EE. UU. Sus productos son utilizados por proveedores de atención médica para administrar pagos entre pacientes, pagadores comerciales (como compañías de seguros).

En julio de 2011, Experian adquirió Virid Interatividade Digital Ltda ("Virid"), una empresa de marketing por correo electrónico que ofrece entrega de correo electrónico, segmentación de comportamiento basada en correo electrónico, informes de campaña en tiempo real, entrega móvil e integración de redes sociales en Brasil.

En diciembre de 2011, Experian adquirió Garlik Ltd, un proveedor de servicios de monitoreo web en el Reino Unido. Garlik ayuda a los consumidores a protegerse de los riesgos de robo de identidad y fraude financiero.

En mayo de 2012, Experian anunció que había firmado un acuerdo para vender PriceGrabber, su negocio de compras de comparación de precios y actividades de generación de leads en línea en América del Norte, que operan bajo las marcas Classes USA y LowerMyBills, a Ybrant Digital Limited, un negocio de servicios de marketing digital con sede en Hyderabad, India. Sin embargo, desde entonces, Experian ha anunciado que Ybrant Digital no ha cumplido con su obligación de cerrar la transacción y Experian considera que Ybrant Digital está incumpliendo el contrato.

En febrero de 2013, Experian lanzó su oficina de crédito al consumo en Australia, donde proporciona informes de crédito al consumidor a empresas de servicios públicos, financieras y de telecomunicaciones. Este lanzamiento sigue a la aprobación del proyecto de ley de enmienda de privacidad en noviembre de 2012, lo que significa un cambio radical para los prestamistas, que ahora pueden tener en cuenta el historial de crédito positivo (además de negativo) al tomar decisiones de préstamo.

En octubre de 2013, Experian compró 41st Parameter, un proveedor de prevención de fraude, aumentando su presencia en el mercado de prevención de fraude y extendiendo su presencia a la protección de transacciones de fraude web. Luego, en noviembre de 2013, Experian compró Passport Health Communications, un proveedor de datos y software, que le permite ofrecer a los clientes de la industria de la salud de EE. UU. Una ventanilla única para gestionar el riesgo y satisfacer sus requisitos de pago.

En octubre de 2017, Experian en América del Norte adquirió Clarity Services, una agencia de crédito líder que presta servicios al mercado de alto riesgo. Eso significó la adquisición de datos de crédito únicos e información sobre más de 60 millones de personas. Los nuevos productos de Clarity Services se agregaron a la oficina tradicional con la introducción del primer producto nuevo que combinó datos de Clarity y Experian para mejorar las decisiones de riesgo de crédito.

En marzo de 2018, Experian lanzó la nueva propuesta de protección de identidad en los EE. UU., Desarrolló sustancialmente los servicios de comparación de crédito y acordó la adquisición de ClearScore (6 millones de usuarios, principalmente consumidores más jóvenes con conocimientos digitales), que agregó una marca de comparación de crédito complementaria en el Reino Unido.

Al igual que las otras oficinas principales de informes de crédito, Experian está regulado principalmente en los Estados Unidos por la Ley de Informes de Crédito Justos (FCRA). La Ley de Transacciones Crediticias Justas y Precisas de 2003, promulgada en 2003, modificó la FCRA para exigir a las compañías de informes crediticios que brinden a los consumidores una copia gratuita de su informe crediticio por período de 12 meses. Al igual que sus principales competidores, TransUnion y Equifax, Experian comercializa informes de crédito directamente a los consumidores. Experian comercializa fuertemente su servicio de informes de crédito con fines de lucro, FreeCreditReport.com, y las tres agencias han sido criticadas e incluso demandadas por vender informes de crédito que pueden obtenerse sin costo.

Su herramienta de segmentación del mercado, Mosaic, es utilizada por los partidos políticos para identificar grupos de votantes. En la versión británica hay 15 grupos principales, desglosados en 89 categorías hiperespecíficas, desde "jefes corporativos" hasta "millonarios solteros" que pueden reducirse al nivel de códigos postales individuales.

Primero fue utilizado por el Partido Laborista, pero luego fue conservado por los conservadores en la campaña de las elecciones generales de 2015 ". **Experian.com**

TransUnion " **es una agencia de informes de crédito al consumo. TransUnion recopila y agrega información sobre más de mil millones de consumidores individuales en más de treinta países, incluidos "200 millones de archivos con perfiles de casi todos los consumidores con crédito activo en los Estados Unidos". Sus clientes incluyen más de 65,000 negocios. Con sede en Chicago, Illinois, los ingresos de TransUnion en 2014 fueron de $ 1.3 mil millones de dólares. Es la más pequeña de las tres agencias de crédito más grandes, junto con Experian y Equifax (conocidas como las Tres Grandes).**

TransUnion también comercializa informes de crédito y otros productos de protección de crédito y fraude directamente a los consumidores. Al igual que todas las agencias de informes crediticios, la ley de los EE. UU. Exige que la empresa brinde a los consumidores un informe crediticio gratuito cada año.

TransUnion se formó originalmente en 1968 como una sociedad de cartera para la organización de arrendamiento ferroviario, Union Tank Car Company. Al año siguiente, adquirió la Oficina de Crédito del Condado de Cook, que poseía y mantenía 3.6 millones de archivos de tarjetas. En 1981, una compañía holding con sede en Chicago, The

Marmon Group, adquirió TransUnion por aproximadamente $ 688 millones. Casi treinta años después, en 2010, Goldman Sachs Capital Partners y Advent International lo adquirieron de Madison Dearborn Partners. En 2014, TransUnion adquirió la compañía de datos TLO de Hank Asher. El 25 de junio de 2015, TransUnion se convirtió en una empresa que cotiza en bolsa por primera vez, cotizando bajo el símbolo TRU.

TransUnion ha evolucionado su negocio a lo largo de los años para ofrecer productos y servicios tanto para empresas como para consumidores. Para las empresas, TransUnion ha cambiado su oferta tradicional de puntaje de crédito para incluir datos de tendencias que ayudan a predecir el pago de los consumidores y el comportamiento de la deuda. Este producto, denominado Credit Vision, se lanzó en octubre de 2013.

Su servicio Smart Move™ facilita las verificaciones de crédito y antecedentes para los consumidores que pueden estar sirviendo como propietarios.

En septiembre de 2013, la compañía adquirió eScan Data Systems de Austin para proporcionar soporte de determinación de elegibilidad posterior al servicio a hospitales y sistemas de atención médica. La tecnología se integró en la plataforma ClearIQ de TransUnion que rastrea la información demográfica y relacionada con el seguro de los pacientes para respaldar la verificación de beneficios.

En noviembre de 2013, TransUnion adquirió TLO LLC, una compañía que aprovecha los datos para respaldar sus herramientas de investigación y gestión de riesgos. Su tecnología TLOxp agrega conjuntos de datos y utiliza un algoritmo patentado para descubrir relaciones entre datos que antes no eran posibles.

En 2014, un análisis de TransUnion descubrió que informar la información del pago del alquiler a las agencias de crédito puede afectar positivamente los puntajes de crédito. Para beneficiar a los consumidores, iniciaron un servicio llamado Crédito Residente, lo que facilita a los propietarios informar sus datos sobre sus inquilinos a TransUnion mensualmente. Estos informes incluyen la cantidad que paga cada inquilino, la puntualidad de su último pago y cualquier saldo restante que el inquilino deba actualmente. Como resultado, las compañías han comenzado a reportar información sobre el pago del alquiler a TransUnion, incluidos YapStone, Inc., Pangea Real Estate y Rent Reporters.

Como parte de sus productos de protección contra el fraude, también ofrece a las empresas una herramienta llamada Decision Edge que agrega los datos necesarios para prevenir el fraude a través de un sistema que personaliza la información necesaria para finalizar una transacción.

Para los consumidores, TransUnion ofrece herramientas de monitoreo de crédito y protección contra robo de identidad. La aplicación de la compañía ofrece una función llamada CreditLock que permite que un individuo desbloquee y bloquee su crédito para ayudar a proteger contra actividades fraudulentas ". **TransUnion.com**

Glosario

Condición de cuenta: Indica el estado actual de la cuenta, pero no indica el historial de pagos de la cuenta que condujo al estado actual (es decir, abierto, pago, cancelación, recuperación, liquidación, ejecución hipotecaria, etc.).

Número de cuenta: El número único asignado por un acreedor para identificar su cuenta con ellos. Experian elimina varios dígitos de cada número de cuenta en el informe de crédito como medida de prevención de fraude.

Cuentas en buen estado: Elementos de crédito que tienen un estado positivo y que deberían reflejarse favorablemente en su solvencia.

Ajuste: Porcentaje de la deuda que se pagará a los otorgantes de crédito en una bancarrota del Capítulo 13.

ALIAS: También conocido cómo

Cuota Anual: Los emisores de tarjetas de crédito a menudo (pero no siempre) requieren que pague un cargo especial una vez al año por el uso de su servicio, generalmente entre $15 y $55.

Tasa Anual Equivalente (TAE): Una medida de cuánto le costará el crédito de interés, expresada como un porcentaje anual.

Usuario autorizado: Una persona autorizada por un titular de tarjeta de crédito para cargar bienes y servicios en la cuenta del titular de la tarjeta pero que no es responsable del pago de la deuda. La cuenta se muestra en los informes de crédito del titular de la tarjeta y del usuario autorizado. Si desea que su nombre sea eliminado permanentemente como usuario autorizado en una cuenta, deberá notificar al otorgante de crédito.

Calificación de la cuenta: Existen códigos estándar establecidos por la industria de informes de crédito, que los acreedores usan cuando brindan esta información a los burós de crédito. Las agencias de crédito solo informan lo que se les proporciona y no determinan la calificación. Aquí hay un desglose de las calificaciones:

- ➢ Una cuenta nueva que es "demasiado nueva para calificar" tiene una calificación de 0.
- ➢ Una cuenta que se paga a tiempo y es la mejor calificación es "paga según lo acordado" y tiene una calificación de 1.

➢ Una cuenta con 30 días de retraso, que se considera vencida entre 30 y 59 días, tiene una calificación de 2.

➢ Una cuenta con un retraso de 60 días, que tiene una demora de 60 a 89 días, tiene una calificación de 3.

➢ Una cuenta con 30 días de retraso, que se considera vencida entre 30 y 59 días, tiene una calificación de 2.

➢ Una cuenta con un retraso de 60 días, que tiene una demora de 60 a 89 días, tiene una calificación de 3.

➢ Los pagos regulares acordados bajo un plan asalariado tienen una calificación de 6.

➢ La recuperación tiene una calificación de 8.

➢ Deudas incobrables o una colección tiene una calificación de 9.

Clasificación de cuenta: Clasificación de cuenta. La mayoría de las cuentas contables generales tienen una clasificación; Todas las cuentas de Activos, Pasivos y Equidad DEBEN tener una clasificación. La clasificación se usa para varios propósitos.

➢ **Activo**
➢ **Obligación**
➢ **Capital**

➤ **Ingresos**

➤ **Gastos**

Cuenta: Una cuenta es un registro en el libro mayor que se utiliza para cobrar y almacenar importes de débito y crédito. Una cantidad de dinero depositada en un banco, como en cheques o ahorros.

Pagos globales: Un préstamo con un pago global requiere que se realice un único pago de suma global al final del préstamo.

Código de Bancarrota: Las leyes federales que rigen las condiciones y los procedimientos bajo los cuales las personas que reclaman la imposibilidad de pagar sus deudas pueden buscar alivio.

Análisis de crédito: El análisis de crédito es un tipo de análisis que un inversionista o administrador de cartera de bonos realiza en compañías u otras entidades emisoras de deuda para medir la capacidad de la entidad para cumplir con sus obligaciones de deuda. El análisis crediticio busca identificar el nivel apropiado de riesgo de incumplimiento asociado con la inversión en esa entidad en particular.

Capacidad de crédito: Esta es la cantidad de crédito que puede manejar. Al decidir si califica para un préstamo en particular, sus ingresos se consideran junto con otros gastos y deudas que pueda tener.

Otorgante de Crédito: El otorgante de crédito es otro término utilizado para describir al emisor de su tarjeta de crédito, o la compañía que le ha otorgado el crédito.

Historial Crediticio: Un historial crediticio es un registro del pago responsable de las deudas del prestatario. Un informe de crédito es un registro del historial crediticio del prestatario de varias fuentes, incluidos bancos, compañías de tarjetas de crédito, agencias de cobro y gobiernos.

Referencia de crédito: Una referencia de crédito es información, el nombre de un individuo o el nombre de una organización que puede proporcionar detalles sobre el historial de crédito de un individuo. Las agencias de calificación crediticia proporcionan referencias crediticias para las empresas, mientras que las oficinas de crédito brindan referencias crediticias para particulares.

Certificado de depósito: Un certificado emitido por un banco a una persona que deposita dinero por un período de tiempo específico.

Agencia de Informes del Consumidor o Buró de Crédito: Un buró de crédito es una agencia de cobranza que recopila información de cuentas de varios acreedores y proporciona esa información a una agencia de informes del consumidor en los Estados Unidos, una agencia de referencia de crédito en el Reino Unido, un organismo de informes de crédito en Australia, una compañía de información crediticia (CIC) en India, una entidad de acceso especial en Filipinas, y también a prestamistas privados.

Estabilidad Crediticia La estabilidad crediticia es una característica intrínseca de un crédito o un sector y no debe confundirse con la estabilidad de la calificación. Las calificaciones representan nuestra visión de futuro sobre la solvencia crediticia, y migran de acuerdo con cualquier cambio en nuestra opinión sobre las condiciones o expectativas crediticias.

Capacidad: Este es un factor para determinar la solvencia crediticia. La capacidad se evalúa sopesando la capacidad de ingresos del prestatario y la probabilidad de ingresos continuos frente al monto de la deuda que el prestatario tiene en el momento en que se hace la solicitud de crédito. Si bien la capacidad puede considerarse en una decisión de crédito, el informe de crédito no contiene información sobre la capacidad de obtener ingresos o la probabilidad de ingresos continuos.

Juicio Civil: Un juicio civil se refiere a un fallo emitido por un tribunal durante una demanda. En muchos casos, las personas tienen juicios debido a cobros impagos u otras obligaciones financieras. Estos juicios aparecen en su informe de crédito como un registro público colocado allí por los burós de crédito.

Capítulo 7 Bancarrota : El capítulo del Código de Bancarrota que establece la liquidación administrada por la corte de los activos de una persona o empresa con problemas financieros.

Capítulo 11 Bancarrota : El capítulo del Código de Bancarrota que generalmente se usa para la reorganización de un negocio con problemas financieros. Se utiliza como alternativa a la liquidación en el Capítulo 7. La Corte Suprema de los Estados Unidos ha sostenido que un individuo también puede usar el Capítulo 11.

Capítulo 12 Bancarrota : El capítulo del Código de Bancarrota adoptado para abordar la crisis financiera de la comunidad agrícola de la nación. Los casos bajo este capítulo se administran como los casos del Capítulo 11, pero con protecciones especiales para cumplir con las condiciones especiales de las operaciones agrícolas familiares.

Capítulo 13 Bancarrota : El capítulo del Código de Bancarrota en el que los deudores pagan deudas de acuerdo con un plan aceptado por el deudor, los acreedores y el tribunal. Los pagos del plan generalmente provienen de los ingresos futuros del deudor y se pagan a los acreedores a través del sistema judicial y el síndico de bancarrota.

Cancelación de cargo: La acción de transferir cuentas consideradas incobrables a una categoría, como deudas incobrables o pérdidas. Los recaudadores generalmente seguirán solicitando pagos, pero las cuentas ya no se consideran parte de la cuenta por cobrar o de las ganancias de una empresa.

Acción civil: Cualquier acción judicial contra un consumidor para recuperar dinero para otra persona. Por lo general, será una asignación de salario, un fallo de manutención de menores, un juicio de reclamos menores o un juicio civil.

Cantidad de reclamo: El monto otorgado en una acción judicial.

Fecha de cierre: La fecha en que se cerró una cuenta.

Aval: A veces se requiere un aval solvente en situaciones donde las calificaciones de un solicitante son marginales. Un aval es legalmente responsable de pagar los cargos en el acuerdo de cuenta conjunta.

Cosignatario: Una persona que se compromete por escrito como parte de un contrato de crédito a pagar la deuda si el prestatario no lo hace. La cuenta se muestra en los informes de crédito del prestatario y del cosignatario.

Límite de crédito / línea de crédito: En el crédito abierto, este es el monto máximo que un prestatario puede recurrir o el máximo que una cuenta puede mostrar como pendiente.

Artículos de crédito: Información reportada por acreedores actuales o pasados.

Informe de crédito: Un informe confidencial sobre los hábitos de pago de un consumidor según lo informado por sus acreedores a una agencia de informes de crédito del consumidor. La agencia proporciona la información a los otorgantes de crédito que tienen un propósito permitido por la ley para revisar el informe.

Calificación crediticia: Una herramienta utilizada por los otorgantes de crédito para proporcionar un medio objetivo de determinar los riesgos en la concesión de crédito. La calificación crediticia aumenta la eficiencia y la respuesta oportuna en el proceso de concesión de crédito. El otorgante de crédito establece los criterios de calificación crediticia.

Solvencia: La capacidad de un consumidor de recibir una consideración y aprobación favorables para el uso del crédito de un establecimiento al que solicitó.

Número de expediente: En general, los tribunales asignan cada acción presentada recientemente con un número de expediente, que a menudo se refiere al año en que se inició el caso seguido de un número de referencia secuencial, y a veces incluye letras o números que indican el tipo (civil, penal, tribunal de familia, etc.) o la ubicación de la presentación y / o las iniciales.

Demandado: Una persona, empresa o institución demandada o acusada en un tribunal de justicia.

Fecha de presentación: La fecha en que se otorgó un registro público.

Fecha de estado: Esta es la fecha en que el acreedor actualizó la cuenta por última vez. Esta fecha no afecta cuánto tiempo permanece una cuenta en el informe y no debe confundirse con la "Fecha de vencimiento original".

Fecha de apertura: En el informe de crédito, esto indica la fecha en que se abrió una cuenta.

Fecha de resolución: La fecha de finalización o fecha de satisfacción de un elemento de registro público.

Mora: Cuentas clasificadas en categorías según el tiempo vencido. Las clasificaciones comunes son 30, 60, 90 y 120 días de retraso. Las clasificaciones especiales también incluyen el descuento, la recuperación, la transferencia, etc.

Dar de Baja El tribunal concede esto para liberar a un deudor de la mayoría de sus deudas que se incluyeron en una quiebra. Las deudas no incluidas en la quiebra (pensión alimenticia, manutención infantil, responsabilidad por conducta intencional y maliciosa y ciertos préstamos estudiantiles) no pueden ser canceladas.

Divulgación: Proporcionar al consumidor su historial crediticio según lo requerido por la FCRA. Experian proporciona divulgaciones de informes de crédito del consumidor a través de Internet, por correo de los EE. UU. O en persona en la ubicación de su oficina en Santa Ana, CA.

Descartado: Cuando un consumidor se declara en bancarrota, el juez puede decidir no permitir que el consumidor continúe con la bancarrota. Si el juez falla en contra de la petición, la bancarrota se conoce como desestimada.

Disputa: Si un consumidor cree que un artículo en su informe de crédito es inexacto o está incompleto, puede impugnarlo o disputarlo. Experian investigará y corregirá o eliminará cualquier información inexacta o información que no pueda ser verificada. Experian ofrece a los consumidores la opción de disputar en línea o pueden llamar al número de teléfono que figura en su informe de crédito para obtener ayuda.

ECOA: Abreviatura estándar de la Ley de Igualdad de Oportunidades de Crédito.

Usuario final: El negocio que recibe el informe con fines de toma de decisiones que cumplen con los requisitos de propósito permisibles de la FCRA.

Ley de Igualdad de Oportunidades de Crédito (ECOA): Una ley federal que prohíbe a los acreedores discriminar a los solicitantes de crédito por sexo, estado civil, raza, color, religión, edad y / o recibo de asistencia pública.

Equifax: Una de las tres agencias nacionales de informes de crédito, con sede en Atlanta, Georgia. Las otras dos son Experian y TransUnion.

Experian: Una de las tres agencias nacionales de informes de crédito, con sede en los Estados Unidos en Costa Mesa, CA. Las otras dos son Experian y TransUnion.

Ejecución hipotecaria: La ejecución hipotecaria es un proceso legal en el que un prestamista intenta recuperar el saldo de un préstamo de un prestatario que ha dejado de hacer pagos al prestamista al forzar la venta del activo utilizado como garantía del préstamo.

Ley de Divulgación Justa de la Tarjeta de Crédito y Cargo: Enmiendas a la Ley de Veracidad en los Préstamos que requieren la divulgación de los costos involucrados en los planes de tarjetas de crédito que se ofrecen por correo, teléfono o aplicaciones distribuidas al público en general.

Ley de Facturación Justa de Crédito: Legislación federal que proporciona un procedimiento específico de resolución de errores para proteger a los clientes de tarjetas de crédito de realizar pagos por facturación inexacta.

Ley de Informes de Crédito Justos (FCRA): Legislación federal que rige las acciones de las agencias de informes crediticios.

Ley de Prácticas Justas de Cobro de Deudas (FDCPA): Legislación federal que prohíbe las prácticas abusivas e injustas de cobro de deudas.

Cargos Financieros: Suma de los intereses Los cargos financieros generalmente se incluyen en el pago mensual total.

Reportado por primera vez: La fecha en que el titular de la cuenta informó el estado de la primera cuenta.

Tarifa fija: Una tasa de porcentaje anual que no cambia.

Período de Gracia: El período de tiempo que tiene que pagar una factura en su totalidad y evitar cargos por intereses.

Garante: La persona responsable de pagar una factura.

Historial de Pagos: Un historial de pagos es una indicación para los prestamistas y acreedores si un individuo es un riesgo de préstamo debido a un historial de pagos atrasados o atrasados.

Alto Balance: La cantidad más alta que debe en una cuenta hasta la fecha.

Crédito a plazos: Cuentas de crédito en las que la deuda se divide en montos a pagar sucesivamente a intervalos específicos.

Interés: El dinero pagado regularmente a una tasa particular por el uso del dinero prestado, o por retrasar el pago de una deuda.

Investigación: El proceso por el que pasa una agencia de informes de crédito al consumidor para verificar la información del informe de crédito disputada por un consumidor. Se contacta al otorgante de crédito que suministró la información y se le pide que revise la información e informe; le informarán a la agencia de informes crediticios que la información es precisa tal como aparece o proporcionarán información corregida para actualizar el informe.

Informes de investigación del consumidor: Estos son informes de los consumidores que generalmente se realizan para verificaciones de antecedentes, autorizaciones de seguridad y otros trabajos delicados. Un informe de investigación del consumidor puede contener información obtenida de un informe de crédito, pero es más completo que un informe de crédito. Contiene material subjetivo sobre el carácter, los hábitos y el estilo de vida de un individuo, que se obtiene a través de entrevistas a asociados. Experian no proporciona informes de investigación del consumidor.

Bancarrota involuntaria: Una petición presentada por ciertos otorgantes de crédito para que un deudor sea declarado en quiebra. Si se concede la quiebra, se conoce como quiebra involuntaria.

Declaración específica del artículo: Esto ofrece una explicación sobre un artículo comercial o de registro público particular en su informe, y se muestra con ese artículo en el informe de crédito.

Sentencia concedida: La determinación de un tribunal sobre los asuntos que se le presenten. Una determinación final de los derechos de las partes involucradas en la demanda.

Préstamo: Algo prestado, especialmente una suma de dinero que se espera pagar con intereses.

Último reporte: En un informe de crédito, esta es la fecha en que el acreedor informó por última vez información sobre la cuenta.

Responsabilidad: El estado de ser responsable de algo, especialmente por ley.

Monto del pasivo: El monto por el cual está legalmente obligado a un acreedor.

Gravamen: Un documento legal utilizado para crear intereses de seguridad en la propiedad de otro. Un gravamen a menudo se otorga como garantía para el pago de una deuda. Se puede imponer un gravamen contra un consumidor por no pagar el dinero adeudado a la ciudad, el condado, el estado o el gobierno federal. Significa que la propiedad del consumidor se está utilizando como garantía durante el reembolso del dinero adeudado.

Línea de crédito: En el crédito abierto, este es el monto máximo que un prestatario puede recurrir o el máximo que una cuenta puede mostrar como pendiente.

Número de ubicación: El número de libro y página en el que se archiva el artículo en los registros judiciales.

MOP / Corto para la forma de pago: La forma en que un comprador elige compensar al vendedor de un bien o servicio que también es aceptable para el vendedor.

Los métodos de pago típicos utilizados en un contexto empresarial moderno incluyen efectivo, cheques, tarjetas de crédito o débito, giros postales, transferencias bancarias y servicios de pago en línea como PayPal.

No verificación: Cuando no puede comparar dos o más elementos, o el uso de pruebas complementarias, para garantizar la precisión, exactitud o veracidad de la información.

Notificación de resultados: Si su investigación da como resultado que la información se actualice o elimine, puede solicitar que la información corregida en su historial de crédito se envíe a los otorgantes de crédito y empleadores elegibles que revisaron su información dentro de un período específico de tiempo. Si su investigación no resulta en un cambio en su historial de crédito, los resultados no se enviarán a otros prestamistas.

Obsolescencia: Un término utilizado para describir cuánto tiempo debe permanecer la información negativa en un archivo de crédito antes de que no sea relevante para la decisión de concesión de crédito. La FCRA ha determinado que el período de obsolescencia es de 10 años en caso de quiebra y 7 años en todos los demás casos. Los gravámenes impositivos no pagados pueden permanecer indefinidamente, aunque Experian los elimina después de 15 años.

Cantidad original: El monto original adeudado a un acreedor.

Fecha de delincuencia original: La fecha de morosidad original es la fecha en que una cuenta se convirtió en morosa por primera vez y después de la cual nunca más se actualizó.

Demandante: La persona que presenta un caso contra otro en un tribunal de justicia.

Usuario principal: Este es el usuario que inicialmente creó la cuenta. Los usuarios principales pueden editar su propia información, así como la información de los usuarios secundarios.

Estado de Pago: Esto refleja el historial anterior de la cuenta, incluyendo cualquier morosidad o condiciones despectivas que ocurrieron durante los siete años anteriores (es decir, cuenta corriente, morosidad 30, corriente era 60, recuperación de la posesión redimida, liquidación, ahora pago, etc.).

Información personal: Información sobre su informe de crédito personal asociado con sus registros que usted, sus acreedores y otras fuentes han informado. Puede incluir variaciones de nombre, su número de licencia de conducir, variaciones de número de Seguro Social, su fecha o año de nacimiento, el nombre de su cónyuge, sus empleadores, sus números de teléfono e información sobre su residencia.

Declaración personal: Puede solicitar que se agregue a su informe una explicación general sobre la información de su informe. La declaración permanece durante dos años y se muestra a cualquiera que revise su información de crédito.

Petición: Si un consumidor se declara en bancarrota pero un juez aún no ha dictaminado que puede proceder, se conoce como bancarrota solicitada.

Demandante: Alguien que inicialmente inicia acciones legales contra otro (acusado) que busca una decisión judicial.

Artículos potencialmente negativos: Cualquier artículo de crédito potencialmente negativo o registros públicos que puedan tener un efecto en su solvencia crediticia según lo visto por los acreedores.

Recuperación: La recuperación es un proceso en el que un prestamista de automóviles puede recuperar la posesión de su vehículo, a veces sin avisarle con anticipación o sin permiso del tribunal. La recuperación generalmente ocurre después de que usted se ha atrasado en sus pagos de préstamos para automóviles.

Saldo reciente: El saldo más reciente adeudado en una cuenta según lo informado por el acreedor.

Pago reciente: El saldo más reciente adeudado en una cuenta según lo informado por el acreedor.

Liberado: Esto significa que un gravamen ha sido satisfecho por completo.

Número de informe: Un número que identifica de forma exclusiva cada informe de crédito personal de Experian . Este número se muestra en su informe de crédito personal y siempre debe mencionarse cuando se comunique con nosotros.

Informado desde: En un informe de crédito, esta es la fecha en que el acreedor informó por última vez información sobre la cuenta.

Recuperación: Un acreedor que toma posesión de bienes prometidos como garantía en un contrato de préstamo en el que un prestatario se ha retrasado significativamente en los pagos.

Solicite una investigación: Si cree que la información en su informe es inexacta, debe proporcionar las fuentes de información para verificar sus registros sin costo alguno para usted. Se corregirá la información incorrecta y se eliminará la información que no se pueda verificar. Experian no puede eliminar información precisa. Una investigación puede demorar hasta 30 días. Cuando esté completo, recibirá los resultados.

Solicitud de su Historial de Crédito: Cuando un otorgante de crédito, un vendedor directo o un posible empleador solicitan información del informe de crédito de un consumidor, se muestra una consulta en el informe. Los otorgantes solo ven las consultas de crédito generadas por otros otorgantes como resultado de una solicitud de algún tipo, mientras que los consumidores ven todas las consultas enumeradas, incluidas las ofertas de marketing directo y preseleccionadas, así como las consultas de empleo. De acuerdo con la Ley de Informes de Crédito Justos, los otorgantes de crédito con un propósito permitido pueden consultar su información de crédito antes de su consentimiento. Esta sección también incluye la fecha de la consulta y cuánto tiempo permanecerá en su informe.

Responsabilidad: Esto indica quién es responsable de una cuenta; Puede ser individual, conjunta, cosignatario, etc.

Cuenta Rotatoria: Este es un crédito disponible automáticamente hasta un límite máximo predeterminado siempre que un cliente realice pagos regulares.

Modelos de puntuación de riesgo: Una determinación numérica de la solvencia de un consumidor. Los otorgantes de crédito utilizan esta herramienta para predecir el comportamiento de pago futuro de un consumidor.

Cuenta compartida: Una cuenta con dos personas que figuran como propietarios.

Línea de Comercio de Temporada: Esta es una línea de crédito que el prestatario ha mantenido abierta en buen estado durante un largo período de tiempo, generalmente al menos 2 años. La parte "sazonada" simplemente implica que la cuenta tiene antigüedad o que tiene un historial establecido.

Satisfecho Si el consumidor ha pagado todo el dinero que el tribunal dice que debe, el artículo de registro público está satisfecho.

Crédito garantizado: Un préstamo para el cual se ha prometido alguna forma de garantía aceptable, como una casa o un automóvil.

Seguridad: Bienes inmuebles o personales que un prestatario se compromete a la duración de un préstamo. Si el prestatario no paga, el acreedor puede tomar posesión de la propiedad siguiendo los procedimientos legalmente obligatorios.

Alerta de seguridad: Una declaración que se agrega una vez que se notifica a las agencias de crédito que un consumidor puede ser víctima de fraude. Permanece archivado durante 90 días y solicita que un acreedor obtenga un comprobante de identificación antes de otorgar crédito a nombre de esa persona.

Crédito de servicio: Acuerdos con proveedores de servicios. Usted recibe bienes como electricidad y servicios como el alquiler de un apartamento y una membresía en un club de salud, con el acuerdo de que los pagará cada mes. Su contrato puede requerir pagos por un número específico de meses, incluso si detiene el servicio.

Liquidación: Llegar a un acuerdo con un prestamista para pagar solo una parte de la deuda original.

Fuente: El negocio u organización que suministró cierta información que aparece en el informe de crédito.

Estado: En el informe de crédito, esto indica el estado actual o el estado de la cuenta.

Suscriptor: Una persona que paga para recibir o acceder a un servicio.

Estatuto: Una ley escrita aprobada por un cuerpo legislativo.

Fiduciario: Una persona individual o miembro de una junta con el control o los poderes de administración de bienes en fideicomiso con la obligación legal de administrarlos únicamente para los fines especificados.

Formulario de impuestos 12277: Este es el problema de impuestos que puede destruir su crédito. El Formulario 12277 es la "Solicitud de Retiro del Formulario 668 (Y), Notificación de Gravamen Fiscal Federal". Ha estado disponible para los contribuyentes durante años, pero originalmente las estipulaciones para retirar un embargo de impuestos por el IRS eran tan estrictas que pocas personas tuvieron éxito.

Gravamen fiscal: Este es un derecho de retención impuesto por ley sobre una propiedad para garantizar el pago de impuestos. Se puede imponer un gravamen por impuestos morosos adeudados sobre bienes inmuebles o bienes personales, o como resultado de la falta de pago de impuestos sobre la renta u otros impuestos.

Términos: Esto se refiere a los términos de pago de la deuda de su acuerdo con un acreedor, como 60 meses, 48 meses, etc.

Coleccionistas de terceros: Coleccionistas que están bajo contrato para cobrar deudas para un departamento de crédito o compañía de crédito; agencias de cobranza.

Línea de comercio: Una entrada de un otorgante de crédito al historial de crédito de un consumidor mantenido por una agencia de informes de crédito. Una línea comercial describe el estado y la actividad de la cuenta del consumidor. La información de la línea comercial incluye los nombres de las compañías donde el solicitante tiene cuentas, las fechas en que se abrieron las cuentas, los límites de crédito, los tipos de cuentas, los saldos adeudados y los historiales de pagos.

Tarifas de transacción: Estas son tarifas cobradas por cierto uso de su línea de crédito, por ejemplo, para obtener un adelanto en efectivo de un cajero automático.

TransUnion: Una de las tres agencias nacionales de informes crediticios. Las otros dos son Experian y TransUnion.

Ley de Veracidad en los Préstamos Título I de la Ley de Protección al Consumidor; requiere que la mayoría de las categorías de prestamistas revelen la tasa de interés anual, el costo total en dólares y otros términos de préstamos y ventas a crédito.

Cuenta no designada: En este caso, el acreedor no informó ningún estado que informara la información de la cuenta.

Crédito no garantizado: Crédito para el cual no se ha prometido ninguna garantía. Los préstamos hechos bajo este acuerdo a veces se denominan préstamos con firma; en otras palabras, se otorga un préstamo basado únicamente en la palabra del cliente, mediante la firma de un acuerdo de que se pagará el monto del préstamo.

Vacante: Esto indica un juicio que fue anulado o anulado.

Tasa Variable: Una tasa de porcentaje anual que puede cambiar con el tiempo a medida que la tasa de interés preferencial varía o según su contrato con el prestamista.

Verificación: El proceso de verificar si los datos en un informe de crédito son correctos o no. Lo inician los consumidores cuando cuestionan alguna información en su archivo. Las agencias de informes de crédito aceptarán documentación auténtica del consumidor que ayudará en la verificación.

Declaración de la víctima: Una declaración que se puede agregar al informe de crédito de un consumidor para alertar a los otorgantes de crédito de que la identificación de un consumidor se ha utilizado de manera fraudulenta para obtener crédito. La declaración solicita al otorgante de crédito que se comunique con el consumidor por teléfono antes de emitir crédito. Permanece en el archivo durante 7 años a menos que el consumidor solicite que se elimine.

Bancarrota Voluntaria: Si un consumidor se declara en bancarrota por su cuenta, se conoce como bancarrota voluntaria.

Asignación salarial: Un acuerdo firmado por un comprador o prestatario, que permite a un acreedor cobrar una parte del salario del deudor a un empleador en caso de incumplimiento.

Retirado: Esto significa que se tomó la decisión de no perseguir una quiebra, un derecho de retención, etc., después de que se hayan presentado los documentos judiciales.

Escrito de Replevin: Un documento legal emitido por un tribunal que autoriza la recuperación de la seguridad.

(Transunion , 2018) (Equifax, 2018) (Innovis, 2018) (Consumer Fraud Protection Agency , n.d.) (e-Oscar , 2018)

Referencias

Sistemas de Cheque . (2018). Obtenido de https://www.chexsystems.com/web/chexsystems/consumerdebit/page/home/!ut/p/z1/04_Sj9CPykssy0xPLMnMz0vMAfIjo8ziDRxdHA1Ngg183AP83QwcXX39LIJDfYwM3M30wwkpiAJJ4wCOBkD9URAlMBP8PUKMgCa4-rgbG3kbugeaoCtAs8LAHKYAtyVe-lHpOflJEP845iUZW6TrRxWlpqUWpRbplRYBhTNKSgqKrVQNVA.

Agencia de Protección contra el Fraude del Consumidor. (s.f.). Obtenido de https://duckduckgo.com/?q=consumer+fraud+protection+agency&t=ffab&atb=v148-4b_&ia=web.

Ley de Protección al Consumidor . (2018). Obtenido de https://www.consumerfinance.gov/.

Lista de No Llamar . (s.f.). Obtenido de https://www.donotcall.gov/.

e-Oscar . (2018). Obtenido de http://www.e-oscar.org/.

Equifax. (2018). Obtenido de https://www.equifax.com/personal/.

Experian . (2018). Obtenido de
https://www.experianplc.com/.

Comisión Federal de Comercio. (s.f.). Obtenido de
https://www.ftc.gov/enforcement/rules/rulemaking-
regulatory-reform-proceedings/fair-debt-collection-
practices-act-text.

Comisión Federal de Comercio. (2018). Obtenido de
https://www.ftc.gov/.

FICO . (2018). Obtenido de
https://ficoscore.com/education/#WhatYour.

Cuatro Tipos de Crédito . (2018). Obtenido de
creditcards.com.

Innovis. (2018). Obtenido de https://www.innovis.com/.

Transunion . (2018). Obtenido de
https://www.credit.com/credit-reports/credit-
bureau/transunion/.

Tribunal de quiebras del estado de los Estados Unidos.
(2018). Obtenido de
http://www.uscourts.gov/services-
forms/bankruptcy.

VantageScore . (2018). Obtenido de
https://your.vantagescore.com/interpret_scores.

Gracias.

Dr. Credit King
Chayo Briggs
chayobriggs.com
(800) 216-8871